左右脑的神奇分工

左脑：被称为"意识脑"、"学术脑"、"语言脑"。主要负责逻辑理解、记忆、时间、语言、判断、排列、分类、逻辑、分析、书写、推理、抑制、五感（视、听、嗅、触、味觉）等。

右脑：被称为"本能脑"、"潜意识脑"、"创造脑"、"音乐脑"、"艺术脑"。主要负责空间形象记忆、直觉、情感、身体协调、视知觉、美术、音乐节奏、想象、灵感、顿悟等。

① 一生只画圆点

1929年，她出生在日本长野县一个很富裕的家庭，她患有先天性遗传神经性视听障碍。母亲对她说："要是你能把看到的圆点都画出来，那你的眼睛也就好了。"于是，她渐渐地迷上了绘画，特别是画圆点。

从京都市美术工艺学校毕业后，母亲只盼望着她成为一个能"收藏艺术品"的人，所以毁掉了她的画布，让她和工人们一起干活。她咬紧牙关，一直偷偷坚持自己所喜爱的艺术。

26岁那年，她在旧书店看到了美国女画家乔治亚·欧姬芙的作品。一向胆小的她给女画家写了一封信，信的内容大致是：我是一位神经性视听障碍患者，可我痴迷绘画，希望能得到您的指点。不久，她就收到了女画家的回信，表示愿

阅读能力大激发

总策划 / 孟凡丽　　主编 / 袁毅　上

Wuhan University Press
武汉大学出版社

推荐序

　　什么是智力？说穿了就是人适应环境的一种潜能。人类之所以能够生存，就是因为人有能够根据环境不断改造自己、探索世界未知数、解决生活中面临的问题的能力。

　　所以，智力不是只表现在读、写、算等技能方面，还包括解决其他各种问题的能力、与其他人友好相处的能力等方面。

　　目前，社会上普遍存在重知识轻能力的现象，过分重视读、写、算，而忽视实践能力的培养。我相信，不少中小学学生都有不许玩游戏，被家长逼着记忆一个个生字生词的回忆，这其实妨碍了中小学学生的正常发展，影响他们社会性的发展。这个问题怎么解决呢？

　　当"中国学生智力开发必读书"这套书出现在我眼前的时候，我知道，我找到了答案！

　　这套书分为12册，形式可谓包罗万象，有供头脑训练的思维游戏、有供阅读欣赏的小故事、有供动手的魔术和手工、有供户外活动的团体游戏……每册都针对了一种能力进行培养，这些能力正是中小学学生学习、竞争的基础，让他们在游戏中潜移默化地提升自己的能力，岂不是一举两得？！

　　衷心希望所有的中小学学生们在这套书的陪伴下，开始对自己的智力进行源源不断的开发。

真正的智力开发，是针对中小学学生的年龄特点，按照规律，通过环境和教育的作用，使他们圆满地完成这一年龄阶段的发展任务，在智能、性格诸方面协调发展，成为有较高的认识能力和健康人格的社会成员。

"中国学生智力开发必读书"正是真正从中小学学生的年龄特点出发，为他们量身打造的一套智力开发产品。

从整体上来说，这个系列分为12册，针对中小学学生们最不可或缺的10种能力，以多种形式来对他们进行培养。既包括头脑思维游戏，也包括动手创新游戏，既包括个人游戏，也包括团体游戏。可以说这套书让孩子们头脑得到全面发展！

从细节上而言，这个系列也是做得非常到位。首先，对部分比较抽象的能力进行了能力提示（"嘿，听我说"），让孩子们准确把握哪些方面能够有效提高自己的能力；最后，为家长和老师准备了能力培养提示（"大人看这里"），措施具体可行，方便操作。

快乐阅读，快乐成长，希望每个中小学学生都能在一种愉悦的状态下获得能力的提升！

CONTENTS

目 录

一生只画圆点 ……………… 8

青春的旗帜 ……………… 10

假币风波 ……………… 12

美梦 ……………… 14

善良的种子 ……………… 16

沉默不一定是金 ……………… 18

感谢两棵树 ……………… 20

减法 ……………… 22

三个座位的票 ……………… 23

白马王子的早餐 ……………… 24

你是不是99族 ……………… 26

晨光中的事物 ……………… 28

蛤蟆的担忧 ……………… 29

人体细菌牧场 ……………… 30

存折只有一元钱 ……………… 32

"哑巴"学生 ……………… 34

聆听 ……………… 37

两条线 ……………… 38

兔子为何总是输 ……………… 40

猜不透的心思 ……………… 42

老鼠彼特 ……………… 44

梦想是一件粗布衣 ……………… 46

两个胖子一出戏 ……………… 48

"白雪公主"的字条 ……………… 50

打开心锁 ……………… 52

牵牛花的力量 ……………… 54

种蘑菇的蚂蚁 ……………… 56

驰骋的马 ……………… 58

歌溪 ……………… 60

女生和男生 …………… 62

绿豆"受审记" …………… 64

"鞋"满幸福 …………… 66

孙悟空找工作 …………… 68

画中的马儿 …………… 70

课间"疯神榜" …………… 72

白色的栀子花 …………… 74

邮票劫案 …………… 76

飞雪之谜 …………… 78

秋天的风景 …………… 80

没有硝烟的战争 …………… 82

美味在眼前 …………… 84

母爱 …………… 86

谁去捡兽夹 …………… 88

宁宁偷小猫 …………… 90

露珠与绿叶 …………… 92

闹笑话的小企鹅 …………… 94

最美味的面 …………… 96

梧桐花儿落 …………… 98

愿做一支笔 …………… 100

怪鸟 …………… 102

小事亦重要 …………… 104

神奇椅 …………… 106

淡定人生 …………… 108

不同的海 …………… 110

蜥蜴男孩 …………… 112

松鼠有错吗 …………… 114

离太阳最近的树 …………… 116

耳朵出逃 …………… 118

金币的启发 …………… 120

心灵之桥 …………… 122

托尔斯泰的宽容 …………… 124

母爱是一本书 …………… 126

人的心里有根刺 …………… 128

幸福如青鸟 …………… 130

感激 …………… 132

玉兰树的话 …………… 134

缺陷与完美 …………… 136

假如今天是我生命的
最后一天 …………… 138

我想当马小跳 …………… 140

母爱是一本书 …………… 142

意在美国推荐她的作品。

两年之后，她终于前往美国。临行前，母亲给了她100万日元，告诉她永远不要再踏入家门。初到美国时，她的画几乎无人问津，日子也过得贫困潦倒。慢慢地她画的网状图案和圆点被纽约知名评论家关注。她的成名作《无极的爱》诞生了。她用小圆灯泡和大面镜做反射，视觉幻象变化万千，形成了与往常不一样的艺术效果。

她叫草间弥生，2009年，英国《泰晤士报》评出200位20世纪最伟大的艺术家，她名列其中。

草间弥生曾说过，地球也不过是百万个圆点中的一个，画好了圆点，就画好了宇宙，画好了世态人生。她的作品充满了张力，将观众带进了一个无限延伸的空间。正是因为她钟爱圆点，不厌其烦地重复画圆点，才影响了当代的绘画艺术，树立了她在当代艺术中的崇高地位。

其实，任何一棵树，能数十年去浇灌，注定都会成为参天大树的！

嘿，听我说

本篇文章以草间弥生的成长经历为线索，作为一个残疾人她从小喜欢绘画，从绘画学校毕业后的经历，再到她去美国的一些经历最后到她成功，反映出草间弥生一直在坚持着自己的梦想。

② 青春的旗帜

青春是短暂的。

当我们"分解"任何一个男人或女人的人生时，便尤见青春的短暂了。

从一岁到六岁，人牙牙学语，跟跄学步，处在如小猫小狗的孩提时期。

一个孩子酣睡在母亲怀里的情形是特别美、特别动人的；他或她被父亲扛在肩头时的笑脸，是最烂漫的一个时期。

到了小学时期，人有整整六年可度过。

小学这一人生阶段，使人开始懂得爱别人了。小学生望着他或她所感激的人，目光中往往充满着柔情。小学生的眼睛，无论是男孩的还是女孩的，都是会说话的眼睛。

初中时期的人已是少男少女了，人生处在花季的第一个节气。这时人生的诗性无须赘言，但这时的人生还不是"青春"。因为这时还缺少青春最本质的特征，那就是生命饱满外溢的活力。

到了高中，人开始形成自己独立的思想了，心里开始萌生出不同于以往的爱意了。这爱意已不再是对别人给予自己的关怀和呵护的回报了，而体现为主动对异性暗怀其情的爱慕了。也有爱得缠绵难分的情况，但大抵是暗怀其情。此时人生进入了青春期的第一个节气，正如惊蛰的节气之于四月。但高中是通向大学的最后阶段，其实最乏诗意可言。整整三年的埋头苦读，或者考上了大学，或者遗憾落榜。

此时，孩子已经十八九岁了。

考上了大学的，自我补偿式地品哑青春。而一到了大三大四，便又为毕业后的人生去向而迷惘、惶惑；遗憾落榜的，则难免陷入悲观。

青春有了另外的许多负重感。

如此"分解"起来，看得分明——青春从十八九岁开始，一直到人组成家庭的时候结束。

所以许多中年人回眸人生，常喟叹青春短暂。

我将青春短暂这一个事实告诉青年朋友们，当然不是想使青年朋友们对人生产生沮丧。恰恰相反，青春既然那么的短暂，处在青春阶段的人，就应善待青春！珍惜青春！

无论什么样的不公平，都不要让它损害或玷污了你的青春！

11

3 假币风波

"假币？"妈妈的嗓门足以让全院的人都听得见。原来一个卖菜的找给爸爸一张50元的钞票，等我爸拿着这50元钱去买东西时，验钞机验出来是张假币。现在我们要想法把假币花出去，这个艰巨而有挑战的任务就归我了。

下午，我便上街溜达了。我选择了一家烟酒小百货店，老板娘这会儿有点忙，我就先站在旁边看着。前面两位顾客是买烟的，他们给了老板娘一张100元的钞票，老板娘拿到钱后，先是对着亮处看了看，然后又用手揉一揉。我的手不知不觉地伸进了口袋，指尖摸到了那张像草纸一样的50元钱，心里顿时感到一阵不安，怎么办？老板娘太精明了，肯定会识破的。要是识破了，说不准会把我当贩假币的抓起来呢。我越想越害怕，干脆扭头就跑。老板娘在我身后问道："小姑娘买什么？""不，不买。"我一边跑一边说，感到自己的声音在颤抖。

　　我继续在大街上漫无目的地走着。哎，那边有两个卖气球的老人，生意挺兴隆，去那儿花掉这钱吧，反正老人家眼神不太好。"买两个气球。"我递过去50元钱。那个老奶奶笑眯眯地帮我解下了两个气球。看着这对慈祥的老夫妇，我心里挺不是滋味：也许他们无儿无女，就靠卖气球为生，也许50元钱，他们三天也赚不到，而我却……老爷爷翻了半天也没找到零钱，转身对我说："孩子，我这里也没有钱找给你，你就先拿着这两个气球，过两天再把钱还给我们，反正我们一直在这里卖气球。"我内疚地接过钱，放进口袋，啊，口袋里还有钱，我赶紧掏出来递过去，"爷爷，我还有零钱……"

　　我一个人走在回家的路上，无力地踢着路上的石子：唉，到底该怎么办？猛然间，我从口袋里掏出那张假币，三下五除二地把它撕成了碎片。我轻轻松开手，碎纸片连同气球一齐飞了出去，望着气球欢快地飞上天空，我突然感觉到天真蓝。

4 美梦

坐在草地上，望着天上那悠闲自在的云朵，听着小鸟明亮而清脆的叫声，我的心情特别舒畅。烦恼随着柔和的清风飘走，越来越远，永远不再回来。顿时，心底浮现出了一个个梦想，它让我欢喜也让我深思……

我梦想着能有一双翅膀，能够接近太阳，感受阳光的灿烂，让即将流逝的童年变成金色，让它在以后的回忆中依然无邪灿烂。追随着美丽的红蜻蜓，找回幼年时的点点滴滴，用好的心情陪伴每一个人，快乐会传染，让大家都变得愉快，烦恼因此望而却步。

我梦想是一个仙子，有着高强的魔法，帮助人们实现愿望，给大家带来方便。我要让山区富起来，让穷苦人民过上幸福安稳的太平日子，让愚昧变成聪慧，让邪恶变得正义，让人们走向光明。

我梦想可以去看海。傍晚时分，一个人静静地坐在海岸，听着潮水拍打岩石的声音，看落日渐渐沉入海中，通红的海面，偶尔一两只海豚跃

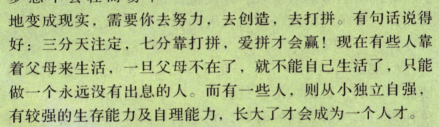

起又落入海中，溅起
一片片翻腾的浪花。
沙滩上，一只只贝壳
像点缀的花朵，漂亮
极了。

　　我想每个人都有
自己的梦想，但是，
梦想不会轻而易举
地变成现实，需要你去努力，去创造，去打拼。有句话说得
好：三分天注定，七分靠打拼，爱拼才会赢！现在有些人靠
着父母来生活，一旦父母不在了，就不能自己生活了，只能
做一个永远没有出息的人。而有一些人，则从小独立自强，
有较强的生存能力及自理能力，长大了才会成为一个人才。

　　因此，我们趁现在幸福时光，加紧读书。不能坐享其成
惯了，不然长大了就只能做一个没有用的半导体了。

快乐嘎嘣逗

1. 睡眠是一种艺术，谁也不能
阻挡 我追求艺术的脚步。
2. 是镜子，总会反光的……是
金子，总会花光的！

15

5 善良的种子

7年前她的女儿失踪了，她整整找了7年。

但她以一个母亲的直觉，坚信自己女儿还活在这个世界上，听说报社来了流浪女孩儿，她来看看。

我把那个女孩儿领到她面前的时候，她一下子就怔住了，继而眼泪哗地流下来。她说也许这个女孩就是她丢失的女儿，她要求先把孩子领回家去。在外漂了那么多年，她要好好补偿一下孩子。

后来证明这个孩子不是他们家的。当我们去她家说明情况的时候，她正在给女孩梳头。一个多月的时间没见，女孩和我们第一次见到的时候，完全判若两人。脸儿洗得白白的，透着淡淡的红润，一头乱糟糟的长头发梳成两条油光光的麻花辫子，身上穿着喜庆的红色碎花裙子。她告诉我们女孩来了这一个多月，总算记起些什么了，脑子还是不太好使，但她不嫌弃，她一定会好好地对待女孩的……说话间，她的另外几个子女也相继进屋。看得出，他们都很疼爱这个失而复得的妹妹。

既然女孩不

是她的女儿，我们肯定要把女孩带走，但是没有料到的是他们一家死死地恳请说，既然来了就是他们的女儿，他们会好好对待女孩的。而且女孩看上去很不想离开这个家，我们只好离开。

在以后的日子里我们经常去看女孩，女孩看上去越来越好了。看着女孩和她的家人，我相信这世间的角角落落，都会有善良的心。想起春日的天空下，蒲公英的种子，借着微风的力，就飘向田间的角角落落，落地就生根，生根就发芽，然后开出一片灿烂金黄的花。那一颗颗善良的心，也会像这种朴素的种子，借一股东风，让最真最美的花，开遍世间的每一个角落。

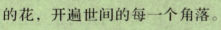

快乐嘎崩逗

儿子：爸爸，你的童年快乐吗？

爸爸：喂鸡、放牛、游泳、爬树、天天开开心心。

爸爸：你这么大是最快乐的时候。

儿子：上课、作业、考试、家教，我的童年一天也没开心过！

6 沉默不一定是金

　　他和九个副总裁一起，被送到一个荒无人烟小岛上。这是一个非常重要而又秘密至极的训练基地。他不知道在这个幽暗的小岛上能做什么。

　　他和另外九人被带到了一个封闭的屋子里。教练员走了，留给他们一个绝对自由的任务，随便聊聊。他们起初有些尴尬，但慢慢地，开始变得熟悉起来。交谈让他们欢愉，也让他们心生烦躁，唇枪舌剑。他们在政治和经济的见解上发生了严重的分歧，只好不停地交谈，不停地用事实证明自己的论点正确。吵嚷声越来越大，教练员的开门和怒吼，将他们从自己声音的世界里揪扯出来。他们做了一个投票实验，他和他们一样，必须按照讨厌的程度，将在场的所有人排序，包括自己在内。

　　他们都是极有修养之人，当然不能将自己排成最受欢迎的那一位，当然，也不能屈身将自己列成最让人讨厌的朋友。片刻之后，每个人手里都有了那么一张排序卡。结果，最让人不可思议的事情发生了。最让人讨厌、最不受人喜欢的一位是刚才说话最多的，争吵最凶的，一位是从始至终，均保持微笑和沉默不语的。我们似乎可以揣测，吵嚷之人、说话最多之人为何会让人觉得厌恶的因素，但绝对难以想象，微笑和沉默这两大优点，也会成为让人心生不悦的缘由。

最后，通过逐一问答，他终于知道，说话最多，不代表是懂得多。只能说明在同等单位时间的条件下，出错的几率比旁人多。微笑和沉默，不代表你的谦卑与和蔼，只能让人觉得，你是因为没有想法，才导致始末如一的无话可说。

闪亮之星

同学们，平时你经常阅读一些优美的文章吗？其实阅读能力的提升主要取决于你对阅读的兴趣，如果你经常去看一些课外读物不仅能提高你的阅读水平，而且能使你的课外知识丰富起来。

你们班会不会经常举行一些课外读物知识竞赛活动呢？如果没有，你赶快行动起来联合同学开展一个"闪亮杯"课外阅读评选活动，选出谁是课外阅读之星吧。

7 感谢两棵树

一个年轻人，从小就是人见人爱的孩子。上学时是三好学生、班干部，初二那年参加全国奥数比赛，获得一等奖。但是不幸的事情发生了，他在和朋友一起出去玩的时候出了车祸，车祸之后面对残缺的胳膊他变得消沉，自暴自弃。

但似乎冥冥之中自有安排，有一天他去姑妈家的路上与两棵树不期而遇。

在离姑妈家五六十米的地方，有两棵显得十分怪异的榆树，像藤条一般扭曲着肢体，但却顽强地向上挺立着。两树之间，连着一根七八米长的粗粗的铁丝，铁丝的两端深深嵌进树干里。不，简直就是直接缠绕在树里！而且呈现两头粗、中间细的奇怪形状。

见他好奇的样子，一旁的邻居主动告诉他，七八年前，为了晾晒衣服的方便，有人在两棵小榆树之间拉了一根铁丝。时间一长，树干越长越粗，被铁丝缠绕的部分始终冲不出束缚，被勒出了深深一圈伤痕，两棵小树奄奄一息。就在大家都以为

这两棵榆树再也难以成活的时候，没想到第二年一场春雨过后，它们又发出了新芽，而且随着树干逐渐变粗，年复一年，将紧箍在自己身上的铁丝"吃"了进去！

莫名地，他的心被强烈地震撼住。面对外界施加的暴力和厄运，小树尚知抗争，而作为一个人，又有什么理由放弃对生活的努力呢！面对这两棵榆树，他感到羞愧，同时也激起了深藏于内心的那份不甘——只见他用自己仅存的右手，艰难地从坐了半年多的轮椅上撑起整个身体，恭恭敬敬地给那两棵再普通不过，却又再坚强不过的榆树，深深鞠了个躬！

很快，他便主动要求回到城里，拾起了久违的课本还有信心，开始了属于自己的新的生活。

快乐嘎嘣逗

有一个人攀岩，当他快爬到山顶时，有一只大灰狼拿着一根燃着的蜡烛想要把绳子烧断，那个人说了一句话，大灰狼就把蜡烛吹灭了，那人说：HAPPY BIRTHDAY！

8 减法

四只鸟在春天叫了三声，
泄露了少女的嫩和羞，
年轻的小草滑倒在山坡上。
三只鸟在夏天叫了两声，
就闪电了，雷响了，
村庄躲在一棵数的背后。
两只鸟在秋天叫了一声，
树上的星星一闪而过，
风就来了，霜就落了。
一只鸟站在冬天的树杈上，
一只鸟站在冬天的雪地里，
一只鸟哑巴了，不意味着被省略。

三个座位的票

当幽默成为一种态度，就会形成巨大的力量，帮你化除尴尬，让你更豁达地看待一切。

钢琴家波奇，有一次在美国密西根州的福林特演奏。他临出场的一刻，发现上座人数不到五成。

他顿时很失望。但他知道，不能让这种失望的情绪影响演出。

于是他走向舞台的脚灯，向观众鞠一躬，然后对着观众说："福林特这个城市一定很有钱！"观众听了觉得十分奇怪。

稍停顿之后，波奇继续说："我看到你们每个人都买了三个座位的票！"

观众爆笑，气氛马上就来了。波奇也顺利地克服了自己低落的情绪。

10 白马王子的早餐

6点半不到，夏妍就进了教室，主要是因为昨晚闹钟调错了时间。环视教室一周，夏妍就发现了陈小诺空空的课桌上居然放着两个热乎乎的包子和一袋"张大伯"豆浆！这个难道就是最近班上闹得沸沸扬扬的"白马王子的早餐"？

最近，班上传陈小诺每天早上都会收到白马王子买的早餐。但是这个王子究竟是谁，到现在还是一个谜。夏妍决定把这个白马王子的面目揭开。

"你一个劲瞅她干嘛，是不是搞错对象了？"同桌叶之庆不解地问。"要找到事情的真相，当然要从陈小诺身上入手。看，传说中的白马王子，终于露出狐狸尾巴了！"数学王子张亦凡一个早上就一而再、再而三地跟陈小诺接触：一次讲题，两次借橡皮擦，三次无故搭讪……

夏妍想了想说："明天侦查就知道答案了。"

第二天早上，夏妍6点就悄悄地来到教室门外，她趴在窗台上，看见一只手正在往陈小诺课桌上放东西。这个角度，窗户刚好挡住那个人的身体。夏妍只顾着贴在窗户上，却没有发现窗户

下面有一个易拉罐。"咕咕……"这不大不小的声响，却在寂静的清晨显得异常清晰,惊动了教室里的那个人，他正是张亦凡。

原来，陈小诺性格敏感内向，不怎么跟同学交往。由于家境贫寒，陈小诺常常省吃俭用，很多时候连早餐也省了。张亦凡是无意中在老师那里知道陈小诺的情况的，决定要帮帮她。

刚好自己的大伯开着小吃店，所以张亦凡每天早早地来到学校，给陈小诺带早餐。陈小诺因为不知道是谁买的，又觉得把早餐放在一边很可惜，所以吃掉早餐后每天也会把钱放在抽屉里。张亦凡为了不让陈小诺太为难，折中收一半的钱。

夏妍看着走廊口张亦凡渐渐消失的背影，又从窗口望了望陈小诺课桌上热乎乎的"爱心"早餐，心里也变得热乎乎的。

这天早上，陈小诺来到教室里，忽然"咦"了一声。除了包子和豆浆，今天忽然多了两根金黄的油条，旁边还有一张字迹歪歪斜斜的小字条："从今天起，'张大伯'豆浆降价了，所以，就多买了两根油条！"

11 你是不是99族

有一个国王，他有无尽的财富，但总是不满足、不快乐，连他自己都不知道为什么。他去哪里都受到人们的关注，但他总是觉得还缺少什么。

有一天，国王醒来发现有一个仆人正在唱歌，那位仆人的脸上洋溢着快乐。

国王感到很奇怪，叫来那个仆人，问他为什么那么快乐。

那个仆人回答说："陛下，我虽然是一个仆人。但我的收入却能让我的妻儿过上快乐的生活。"

国王叫那个仆人出去，叫丞相进来。他跟丞相说了自己的苦恼，并讲了那位仆人的故事。他希望丞相能为他讲清楚，为什么他作为一切荣华富贵皆唾手可得的国王，却比不上一个仆人快乐呢？

丞相听完，说："尊贵的陛下，我相信那位仆人肯定还没有变成99族。"

"99族，确切地说，那是什么？"

丞相说："您明天把99枚金币装入一个袋子里，把袋子放在那个仆人门前的台阶上，这样很快就会知道99族是什么意思。"那天傍晚，国王叫人在那个仆人门口放了一个装有99枚金币的袋子。

仆人出门的时候，看到了放在台阶上的袋子。他把袋子拿进屋里放在桌上打开后，顿时惊喜地叫起来："啊，一袋金币，那么多。"他简直不敢相信，他叫来妻子，叫她看看那些金币。

仆人把金币倒在桌上，数了一遍，发现是99枚，有点奇怪为什么不是100枚。于是他又数了几遍，都是99枚。仆人想，为什么不是100枚呢？他开始到处寻找，在房子里找，在院子里找，找了好几个小时，就是找不到那枚丢失的金币。最后他不找了，决定自己去赚足第100枚金币。

第二天，仆人像往常一样去上班，但是他上班时的心情没有以前那样好了，他不再快乐地唱歌了，他做事情的时候总阴沉着脸。

看到那个仆人的态度转变得厉害，国王想：这就是99族吗？99族指的是那些拥有一切也不会满足的人，他们是努力赚取第100枚金币的人。

想通后，国王决定珍惜生活中的每一件小事。

12 晨光中的事物

清风，像青草一般摇晃，
几只麻雀，在树枝上感受着风，
我在木窗上感受开启的黎明。
此刻，阳光正穿越露水和浓雾，
一丛黄菊绽放在篱墙边，
把叶脉下的阴影扩大到了墙上。
整个清晨，我都在和一束阳光赛跑，
目光翻越秋天低矮的围栏。
从纷乱的俗世与书本中脱身而出，
跟随一滴露水，浸透所有的事物。
把花朵和新叶的苦涩尝遍，
现在，那些被岁月追赶的树叶，
将一些绿色隐藏到了光阴的背面。
晨光中，来来往往的人和事，
一半交给白天，一半融入暮色。
余下了阳光、绿叶、希望、梦想……

嘿，听我说

这首现代诗抓住了早晨风、阳光、小鸟、菊花、露珠等的特点展示了一幅晨光中优美的画卷，和清晨中忙碌的人们形成了鲜明的对比。

13 蛤蟆的担忧

　　一天，艾子乘船在海上漫游。天渐渐黑下来了，艾子将船停泊在一个岛屿附近，在船上休息。

　　夜深了，月亮照在水面上，艾子感到十分无聊，坐在船头又毫无睡意。忽然，艾子听到有哭声，感到十分奇怪，艾子仔细聆听，原来，声音是从水下传来的，有哭泣声，还有阵阵说话声。

　　艾子清楚地听到一个声音说："小兄弟，你听说了吗？龙王昨天传出命令，水族中凡是有尾巴的，都一律要斩首。我是一条鲤鱼，我有尾巴，也在被斩首之列，我想，龙王决不会放过我的，他一定会杀了我呀！我该怎么办呢？……"

　　那个被鲤鱼称做小兄弟的蛤蟆也哭起来了，鲤鱼奇怪地问："小兄弟，你哭什么呢？你是蛤蟆，又没长尾巴，龙王又不会杀掉你，你为什么伤心呢？"只听蛤蟆回答说："鲤鱼大哥，你看我现在没有尾巴，可我原来是有尾巴的呀。要是龙王追查我当蝌蚪时的情况，那我不也难逃一死吗？"

　　看来，蛤蟆的担忧并非是多余的，如果龙王真的是个残酷无情的家伙，蛤蟆恐怕是在劫难逃了。

14 人体细菌牧场

你以为你是人？其实早已跟各种细菌纠结不清了。想做一个纯粹的人？那只有回到你刚刚出生的时候。那时你只是一个婴儿……

从你一出生，各种细菌便盯上了你。新生婴儿刚刚出生的时候身体表面和肠道内几乎是无菌的，几个月后，你便成了"细菌人"。不过不必担心，多数情况下，这不会给你带来成长的烦恼，细菌不但不会把你吃掉，还会让你身体更好地运转，等你背起书包上学的时候，恭喜你——你已经是一个彻彻底底的细菌人了。

皮肤上的细菌园

皮肤是人体最大的器官，几年前美国微生物学家利用全新技术对人类皮肤进行研究后发现，人类皮肤上存活着182

种细菌。

牙缝中的细菌

当你偷偷地把美味塞到嘴里的时候，别以为爸妈没看见就没事儿了，有600多种细菌在你嘴巴里面等着"用餐"呢，幸运的是，其中多数是有益细菌。即使每天坚持刷牙，每个洁净的牙齿上还是会居住1000-100000个细菌，如果你不刷牙就可怕了，有害菌会趁机占据口腔，让你得口臭或牙龈炎等疾病，这些就是坏细菌干的坏事儿了。

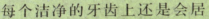

肠道细菌

如果前面提到的细菌对你有很大帮助的话，那肠道细菌可能就要扮演更重要的角色了。因为控制身体健康或生病的神秘"钥匙"，并非只掌握在人类自身的基因手中，人体内的微生物基因也可能"大权在握"。肠道是全身细菌最集中的地方，人体肠道共有1000-2000种微生物，菌群总重量有1-2千克。

你所不知道的细菌

如果将地球生命的诞生过程浓缩成一年，人类是"最后一秒"的话，微生物则出现在"第一秒钟"。实际上，细菌长期以来一直存活在人体中，已经成为了人体的一部分。没有细菌，人体也无法正常工作。另外，很多细菌都对人体起到保护作用。想甩掉细菌？没门儿！

15 存折只有一元钱

初二时，父亲从乡供销社下岗，和母亲一起务农。因为身体瘦弱，全家只种了三亩地，农闲时也不能去城里干苦工，家里捉襟见肘。

中考后，我萌生了辍学打工的念头。三百六十行，行行出状元，即便成不了气候，也可以减轻家庭的负担，这是我年少时对"孝"字做出的最郑重的解释。那一晚，父亲坐在床头，抽了一夜"大前门"。父亲对生活艰辛的无力与对亲人困苦的内疚，更坚定了我外出打工撑起家庭的决心。

次日早上，一家聚着吃早饭。父亲拿出一本绿色的邮政存折，拍在桌子上，说："不就是钱吗？这里够你上到大学毕业了，小崽子竟然怕我供不起！"在他那布满血丝的双眼里，我看到了少有的怒气，所有辍学打工的决心顷刻间土崩瓦解。

在"存折"的鼓励下，我走进高中，心无杂念地学习。

高中三年，我从没有感受到上不起学的危机，终于从那所因大学生出得少而被称作"不毛之地"的农村中学考入军校。军校是"供给制"，国家承担了学员的学费及生活等费用，我便不再需要家里负担，父亲的存折便也慢慢被

遗忘。

　　日月如梭，有一天，父亲把多年前那本绿色存折给了我。当我打开存折时，才知里面的数额是1.00元，开户后没有一笔登存信息。

　　父亲的存折，没有金钱的储存，却是财富的累积，给了我深重的父爱与人生的教诲。

快乐嘎嘣逗

　　人问鱼儿：“如果你能和我们一样在陆地上行走，你第一件要做的事是什么？”

　　鱼儿说：“我第一件要做的就是学会游泳。”

16 "哑巴"学生

从前，有一位很有名的医生。他的医术很高明，不过从来不肯把自己的医术传授给别人。后来年纪大了，他才答应只收一个学生，而且这个学生必须是个哑巴。

在医生居住的那座城里，有一位贫苦的女人，这一天，她对自己唯一的儿子说："孩子，妈妈没有钱供你念书，你装成哑巴去学医吧，学好了医道，好为人们解除病痛。记住，无论医生怎样考验你，你一定要克制住自己，千万不可以说话。"

孩子答应了母亲的要求。第二天他们去拜见医生。医生问孩子的母亲："你的孩子生下来就是哑巴吗？""是的，医生。"母亲回答说。

医生收下了孩子，可他仍不放心，便用各种方法进行试探，但孩子始终没说一句话。最后医生终于确信这是一个"哑巴"，他开始放心地向这个学生传授各种医术。"哑巴"学生勤奋聪明，伶俐好学，老师感到很满意。几年过去了，孩子学到了许多"绝招"，不少疑难病症他都可以独自处理了。

一天，来了一个病人，说他头痛得很厉害。医生诊断后对病人说："必须马上动手术，否则会有生命危险！"病人同意了。脑壳被揭开后，大家都吓了一跳，原来，里面寄生着一条白蠕虫，虫子一动，病人就痛得要命。于是，医生拿出一把细钩子，打算把虫子钩出来。

"哑巴"学生像往常一样，全神贯注地观察着老师的动作。这时，他突然想到："这样的手术很危险，万一钩不出虫子而伤了病人的脑子，后果十分严重，应该采取别的办法才好，可是，如果我说出了自己的治疗方法，就会立刻暴露了我不是哑巴，欺骗了老师，他会赶我走的。"他急得直冒汗，再想："如果我不说，病人就会发生意外，造成他终身痛苦，这样不但没有尽到医生的职责，而且会坏了老师的声誉。"

"哑巴"学生终于说话了："老师，你这样做太危险了。"

说完，他接过老师手里的钩子，放在火上烤了烤，拿过来挨近蠕虫。蠕虫被炙热的钩子烫着了，开始蠕动起来，很快就爬出了病人的脑子。接着，"哑巴"学生缝合了刀口。医生听"哑巴"学生突然开口说话了，惊奇万分，但他还是允许学生做完了手术。

"你不是哑巴，为什么欺骗我？"手术后，老师质问自己的学生，并打算赶走他。

这时，学生坦然回答说："是的，老师，我欺骗了您，很对不起您。不过，那是为了学到医术。可现在，看见病人受到死亡的威胁，作为一个医生，我不能再沉默了。万一老师失手，不但病人有生命危险，而且还会损害老师的名声……"

老师听了感动地说："我的孩子，你做得对。我的名声倒是小事，病人的安危才是大事啊！"

嘿，听我说

本文第五段的心理描写突出表现了"哑巴"学生的好品质，也推动了全文情节的转变，使得文章读起来真实而且具有感染力。

17 聆听

清晨，乳白色的雾气迷迷蒙蒙，村外的溪水传来淙淙的响声。小院的篱笆上开满了繁星一样的牵牛花，鲜红的、天蓝的、淡紫的……真像一只只彩色的小喇叭，花瓣上闪着几颗晶莹的露珠。枣树上画眉和黄莺对唱，声音清脆、婉转……

吱呀一声门开了，大妈踏着被露水打湿的石铺小路，上井台打水。她打起一桶清澈的井水，忽然，她侧过头在凝神听着什么？

是在听溪水淙淙的流淌么？是在听画眉和黄莺的对唱么？还是彩色小喇叭真会广播？

啊，喇叭花下邻家的小男孩正在念书，念得那么轻细，那么流利，那么动听，真好像是溪水的琴声，小鸟的歌声，真好像是喇叭花在广播呢。大妈的笑从心底溢到脸上。

她提着水桶回家去了，脚步放得很轻很轻，怕惊动孩子的念书声，还怕惊落了喇叭花上那忽闪忽闪的露珠。

18 两条线

　　一天，白聪明问方果子："你知道一支铅笔可以画出多长的线吗？"

　　"多长？"

　　"一支铅笔可以画出50多公里长的线。杂志上这样说的，却从未有人亲自测试过。我就想，如果我来做这个世界第一人，我不就出名了吗？"

　　"拿一支铅笔画线，等铅笔用完了，再来量一量线到底有多长？没有这么长的纸让你画呀！"

　　"我们在地上画。"白聪明说，"我试过了，一般的铅笔没法在地上画，得用木匠干活时用的那种红铅笔。"

　　方果子回到家里，把白聪明即将实行的创举说给爸爸老方听。老方沉吟道："想法很大胆，但操作上会有问题。城市的路面是不允许随便增添什么红线黑线的。"方果子若有所思说："我想，也许可以在纸上画线，不是一个人画。"

　　"你的意思是一个人在一张纸上画一条线，然后把它们拼起来？""是的。"

　　方果子又将想法告诉了邻居包赢，包赢也很感兴趣。方果子说："只要大家使用同样长度的纸，做个乘法，就能算出拼起来的线有多长了。我们可以让大家都用297毫米长的A4纸。要得到50公里长的线，必须动员17万人参加活动。"

包赢嘀咕道："这要用掉多少纸啊！我建议用废纸，或者广告纸也行。纸上还可以让画线的人写上名字和他们想说的话。"方果子连连点头。

过了两天，老方将晚报递给方果子看。一条新闻说：昨天清晨，杏园小区的保洁员在小区中心的古银杏树下发现了一条神秘红线，一直延伸到外面的马路上，向东而行，延续了1公里便中止了。

过了几天，白聪明找到方果子说："一支铅笔根本不可能画出50多公里长的线。"他掏出红铅笔——短得几乎无法握在手里了。方果子说："在地面摩擦力比在纸上大，铅笔会消耗得快一些。"

白聪明酸酸地说："我看见参加你们活动的人数超过17万了，那道网上长城已有50公里长了。"方果子安慰说："我告诉了来采访的记者，说我的创意是受了你的启发。"白聪明笑了。

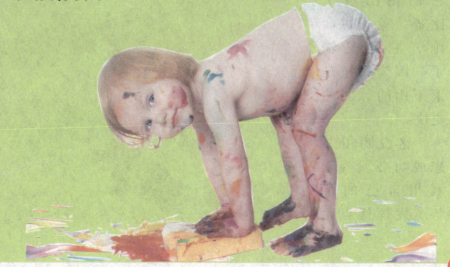

19 兔子为何总是输

兔子和乌龟决定赛跑。

第一次，它们是在公路上比赛，结果兔子输了。因为兔子睡觉去了。

这说明了勤奋比天资重要。

兔子不认输，它又去找乌龟比赛。

第二次，它们是在操场上比赛。但是一开始，兔子就输了。因为兔子朝相反的方向跑去了。

这说明了方向比努力重要。

兔子第三次去找乌龟比赛。它们是在草地上比赛。跑着跑着，兔子不见了，乌龟赢了。因为兔子掉在泥潭里去了。

说明想成功必须要善于发现陷阱和避开陷阱。

兔子第四次找乌龟比赛。它们在山坡上比赛。兔子拼命跑，它还是输了。因为乌龟是滚下山的，当然更快。

这说明了，想成功必须善于利用自己的优势。发挥优点比

改正缺点更容易成功。

　　兔子第五次找乌龟比赛。

　　它们又回到操场上比赛。这回兔子跑得飞快，突然，兔子看到前面挂着一条横幅：谁是第一名，谁是龟儿子。兔子生气得不得了，不跑了。

　　这说明了，想成功要学会情绪管理。

　　兔子第六次找乌龟比赛。

　　它们还是在操场上比赛。兔子快到终点了，突然感觉尾巴被咬了一下，它将尾巴一甩，竟将乌龟甩到前面来了。原来乌龟一直咬着兔子的尾巴奔跑，最后死命咬了兔子一口。

　　这说明了，要成功必须善于利用竞争对手的力量。成功需要朋友，更大的成功需要敌人。

嘿，听我说

　　这个故事构思比较新颖，用举例子的方式，突出兔子为什么老输的原因。让大家很容易就明白一个简单的道理。

20 猜不透的心思

宋徽宗时期，有个叫陈必的臣子，因为能猜中宋徽宗的心思，而深得宋徽宗的宠爱。不管是对哪位大臣的奖励，或者是对哪位官员的惩罚，只要宋徽宗一思考，陈必便能猜个八九不离十。

一次，陈必因收受了一笔贿赂，被宋徽宗发觉了。陈必自知罪责难逃，于是，在宋徽宗面前也显得更加小心。他幻想宋徽宗能看在他是自己的心腹的份上，饶了他。没想到的是，宋徽宗会将他流放到沙漠的腹地，这是一种仅次于死刑的惩罚。看来，宋徽宗是完全不讲往日的情份了。

伴随陈必的东西有：一顶帐篷、几个南瓜，还有一碗饭、一坛酒和一个球。因为那时流行蹴鞠，几乎人人都会蹴鞠。

从这几样东西上，陈必一眼就看出了宋徽宗的心思：这不就是让他好好地吃喝一顿，再玩上一阵，这一顿后，没得吃喝了，就一个人躺在帐篷，啃几口南瓜，直到死去吗？

尽管陈必心里很不理解，不就是犯了点小罪吗，至于要我的命吗？但他想不能这样死去一定要活下去。于是，他没

舍得一餐吃掉那碗饭，也没舍得一口气喝完那坛酒，而是留着慢慢地吃喝，他还将南瓜摔开，掏出里面的种子，种在沙漠里。等南瓜吃完了，种在沙漠里的南瓜也成熟了，他竟然活下来了。

40年后的一天，宋徽宗送的球突然破了，从球里滚出一张地图来，还附有一封信。那是宋徽宗的亲笔信。大意是：爱卿，朕实在是舍不得惩罚你，因你是朕的心腹，如果不惩罚，满朝文武那里不好交代。我将这张地图暗藏于球里，你是个聪明人，肯定能猜出我的意图，拿着地图你一定能走出沙漠。

陈必看完信，便瘫坐在了地上。这时，他已是80岁高龄，就是有走出去的心，也没力气了。

快乐嘎崩逗

一只肥猫说："我不是个大馋虫，我也不是什么都吃，我只是个行为艺术家（指着面前的食物说），我在完成我的作品。"

21 老鼠彼特

"哇！肚子真饿！有没有东西吃啊？"白老鼠彼特喃喃自语道。

突然间一阵饭香飘来，彼特不由自主地跟着香味来到一家饭店，看到店门口挂着一张条幅，上面写着"免费吃喝"。彼特二话不说，走进店里。

"好香的牛排啊！"彼特张口吃起来。

"嘿，先生！请先回答我的问题。"服务员说。

"你们不是写了'免费吃喝'吗？"

"先生，请您看看右边。"彼特一看，条幅右边还贴着一张说明，上面写着要正确回答店家提出的问题以后才能免费吃喝。彼特无奈地说："好，你出题吧！""好，请听题：我们饭馆今天总共洗了51个碗，每1个人用1个饭碗，每4个人用1个菜碗，每6个人用1个汤碗，请问：今天有多少人来吃饭呢？"

彼特心想：被4和6整除的数必须是12的倍数，如果是12个人的话总共用碗12+3+2=17个，不对；如果是24个人那就用碗24+6+4=34个，也不对；算算如果36个人的话，共用碗36+9+6=51个。找到答案啦！

"有36人来饭馆吃饭！"彼特高兴地说道。

"先生，恭喜您，您可以用餐了。"服务员说。于是彼特大吃了一顿。

晚上睡觉的时候彼特做了一个梦，梦里一个老人说："他快要逝世了，想把他的13颗钻石分给他的3个孩子，他要让大儿子分到钻石的1/2颗，二儿子分到1/3颗，小儿子分到1/4颗，那么，他的3个儿子各分到几颗钻石呢？"

彼特沉思了一会儿给想出了答案："我假设拿掉一颗钻石，那么就剩12颗。大儿子分到1/2，就是6颗，二儿子分到1/3，就是4颗，小儿子分到1/4，就是3颗，算式就是6+4+3=13颗。恰巧分完。"老人听完答案后就消失在迷雾中了，数学世界是多姿多彩的，只要用心学，就一定会有所收获。

嘿，听我说

原来这是一只精通数学的小白鼠啊！本文用丰富的想象力和流畅的文笔，将枯燥的数学题改编成了一个有趣的童话故事。情节起伏跌宕，生动有趣，语言自然活泼。

22 梦想是一件粗布衣

　　美国少年斯克劳斯的母亲是个小裁缝，他受母亲的影响，自小就喜欢时装。斯克劳斯常常将母亲裁剪后的布角偷来，东拼西凑地做成各种各样的小人衣服。由于母亲的布角有限，只能制作一些小的衣服。斯克劳斯感到自己的创作欲望得不到满足。

　　有一天，斯克劳斯将父亲从自家凉棚上撤下来的废棚布捡来制成了一件衣服，斯克劳斯穿着自己做的衣服走在大街上，人们都说他是疯子。

　　斯克劳斯的母亲见儿子沉迷于服装设计，便鼓励儿子去向时装大师戴维斯请教，18岁的斯克劳斯，他带着自己设计的粗布衣来到了戴维斯的时装设计公司。当戴维斯的弟子们看到他设计的衣服时，哄堂大笑，他们没有见过如此粗俗的衣服！可是戴维斯却将斯克劳斯留了下来。

　　在戴维斯的鼓励与帮助下，斯克劳斯设计出了大量的粗布衣。可是，没有人对斯克劳斯的衣服感兴趣。斯克劳斯设计的衣服大量积压在仓库里。但斯克劳斯很固执，他坚信自己的衣服会受到人们的欢迎，于是他试着将那些粗布衣服运往非洲，销给那里的劳工们。由于那种粗布价格低廉、耐磨，很受劳工们的欢迎，很快衣服销售一空。

斯克劳斯又将那些粗布衣服做成适合旅行者穿的款式，因为它的沧桑感和洒脱，居然又很受旅行爱好者的欢迎。斯克劳斯又设计出了许多种款式，人们惊奇地发现，那种衣服穿在身上不但随意，还有一种很特别的风味，而且不分季节，任何年龄的人都可以穿。一时间，大家都争着穿起了斯克劳斯设计的粗布衣。这就是如今风靡全球的牛仔衣。

故事告诉我们只要认为自己所做的事是正确的，那就大胆地去做，哪怕你的梦想只是一件粗布衣。

嘿，听我说

这个故事第一段中就提到斯克劳斯用废棚布制作衣服是全文的一条引线，这条引线为下文斯克劳斯设计牛仔衣取得成功做了很好的铺垫。

23 两个胖子一出戏

　　我们凑在一起还真是一道风景，我是一个胖子，我的同桌浩南也是一个胖子。更让我无法忍受的是，浩南爱喝鲜柠檬果汁。"切，女生才喝甜兮兮的东西呢！"我撇着嘴嘲笑他。

　　"果汁有营养！"浩南说。开学第一天，我就觉得我跟这个矮胖子没什么共同语言。

　　体育课1000米达标测验，我偷偷开溜了。我跑到学校最大的一棵树后面刚藏起来，忽然有人用屁股挤我。"给我挪点地儿。"是浩南。一会儿我们就被体育老师抓获了。

　　"也不看看你俩的块头，大树后面每人露出一半身子，还藏呢！"体育老师坐在办公室里批评我们，把其他老师逗乐了。浩南说："老师我们错了。"体育老师想了想说："你俩要是能同时从这扇门走出去，我还可以给你们一次补考机会。"

　　我们互相看了看，忽然有了心灵感应。我半蹲，他跳到我背上，高胖子背着矮胖子出了门。老师们哄堂大笑，不知道谁说了一句："还挺聪明，猪八戒背媳妇。"

　　和二班进行的篮球比赛开始了，双方争抢激烈……可还不到三分钟，我就被换

下了场，我受伤了！班主任关心地过来询问，我手舞足蹈，说不出话来。浩南在旁边说："老师，我来翻译。"我看看浩南，开始比划。"他说他本来想来个完美的扣篮……不知道对方球员过来抢，头正好顶在他的下巴上……把自己的舌头狠狠地咬了。"我痛苦地点点头。从此，各科老师每次见到我都问："篮球英豪，你的舌头还好吗？"

为了我的舌头早日恢复健康，浩南拿出果汁给我："多喝果汁，维生素有易于伤口愈合。"把我的纯净水和他的果汁兑在一起，举着混着果汁的纯净水说："别喝那么浓，容易发胖。"浩南举着混着纯净水的果汁说："听你的，干瓶。"两个塑料瓶碰在一起，两颗友谊的心贴得更近了。

快乐嘎嘣逗

加菲猫对小狗Odie说：卷心菜和怀表是有区别的，卷心菜不能告诉我们时间，Odie，你长了颗卷心菜脑袋。

24 "白雪公主"的字条

　　班里开始竞选了，原来的副班长苗云秀早就觊觎班长这个位子很久了。哪知道半路上又杀出一个程咬金——在六一晚会上表演"白雪公主"的白雪晴。

　　投票之后，随着黑板上的"正"字的笔画不断增加，苗云秀的心开始悬浮起来。突然，唱票声停止了。甄老师走过来，温嘟嘟把一张纸条递给了她。甄老师看了一下，说："继续唱票吧。"

　　评选结果，白雪晴以33票胜出。"是这样的，在我们的选票中夹杂了一张字条，字条上说，白雪晴同学没有资格竞选班长，她和男生传纸条儿……"班级里立刻乱糟糟起来。"白雪晴同学，请你给大家解释一下。""我没有！"白雪晴一脸的委屈。

　　"谁写的字条，应该当着大家的面说清楚。"童星火打抱不平地说。"字条是我写的。"李玉站了起来，"是苗云秀的日记里说的。"

　　"给我看一下可以吗？"甄老师走到苗云秀身边，接过翻开的日记本，读起来：5月13日下午，我们第三组值日，我蹲在后边的纸篓边给垃圾归类。温嘟嘟从外面鬼鬼祟祟地进

来了，把一张字条
装进白雪晴的文具盒里。

"白雪晴，是这样吗？"甄老师把日记本还给苗云秀。"是。"白雪晴平静地说，"但是，这与竞选班干部没有关系。"

"你能把字条的内容在班上公开吗？"苗云秀终于沉不住气了。白雪晴说："能！"就把纸条交给甄老师，甄老师看后把字条还给了温嘟嘟："请字条的原作者来读一读吧。"温嘟嘟拿起纸条读道：尊敬的白雪公主，六一儿童节就要到来了，为了庆贺我们的节日，我和班级里另外六位矮个子男同学商量，要排演一个美丽的节目——白雪公主，你一定看过白雪公主的故事，我们感觉你像白雪公主一样善良和美丽，所以真诚邀请你扮演故事中的女主角，要是不反对的话，就这样定了，等待你的回话！

苗秀云惭愧地恨不得钻到地缝里，她为自己的小心眼感到万分懊悔。

白雪晴顺利地当上了班长。

25 打开心锁

　　不久前，在美国亚拉巴马州的木比耳湾头，一名叫弗洛伊德的人意外发现了一个神秘保险柜。从它的底端，依稀可以辨认出它的生产日期，距今已有148年的历史。这个保险柜里究竟藏有什么秘密，成为人们议论的焦点，而要知道它的秘密，打开锁就成了关键。于是，弗洛伊德悬赏5000美金，希望有人在不损坏保险柜的情况下打开它。

　　消息传出的第二天，从亚拉巴马州州府蒙哥马利来了一位非常有名的开锁匠。锁匠在大家期待的热切目光下，雄心勃勃地上阵了。可是锁匠在艰苦工作了6个小时后，不得不宣布放弃这笔赏金。

　　第三天，从某大学来了一名科学家，他信心满满地拿着比先前开锁匠更奇特的工具开始了工作。然而，他在捣鼓了将近4个小时后，也败下阵来。

　　弗洛伊德决定，把赏金的数额增加到1万美金。

　　科勒姆夫妇平常以开锁为业，他们无意间看到了这一则悬赏广告，夫妇俩决定前去一试身手。大家听说这对名不见经传的普通开锁匠要来开锁，都嘲笑说："一位是著名的开锁匠，一位是专业的科学家，两人都有特制的开锁工具，最后都没办法打开，难道他们夫妇的本事还能大过两位高手吗？"

人们虽然对夫妇俩不抱什么希望，但大家还是围了上去，就当是看一场免费的无聊表演。科勒姆也和前面两人那样，把耳朵先贴上保险柜的锁，一边轻轻转动着密码盘，一边用耳朵感觉锁槽的动静。20分钟后，他轻轻用手一拉保险柜的门，保险柜竟然成功地被打开了！弗洛伊德飞快地跑上前去，看看里边究竟藏有什么宝物，结果令他很失望，除了二层有一份字迹根本看不清楚的文件，其他夹层中什么东西也没有。但他还是慷慨地兑现了承诺，把1万美金递给了科勒姆夫妇。

弗洛伊德问科勒姆夫妇："你们用了什么特别的办法打开锁的？"

科勒姆平静地回答道："我能打开了锁，是因为我尽量简化工作程序，按照平常惯用的普通办法去做就行了。"

科勒姆夫妇的成功告诉我们：开锁前，首先必须要打开自己心里的锁，真相才会大白于天下。

26 牵牛花的力量

　　刹车声骤然响起，一辆似曾熟悉的车向我撞来……我吓得大叫一声，原来是一场噩梦。

　　我又想起一个月前那场车祸，"她可能永远站不起来了。"医生这句话被我偷听到了，我蒙头大哭，在以后的日子里坚决拒绝康复训练。可是我还有那么多梦想……

　　这天早上，妈妈拉开窗帘。阳台上多了一盆牵牛花，它在风中抖动着嫩绿的叶子，似乎想往上爬。妈妈进来说："汉娜，蒂莫西来看你了。"

　　蒂莫西每天都来看我。他今天给我带一首励志小诗，明天就会给我讲一个励志小故事，再也不像以前那样捉弄我，喊我"小黑妞"。

　　不知是蒂莫西的励志小诗起了作用，还是那盆牵牛花给了我力量，我决定不再消沉下去。"残酷"而有意义的日子开始了，蒂莫西每天都会陪我做康复训练。训练把我折磨得死去活来。几个月后，我终于可以扶着轮椅站起来了。可我还没品够幸福的滋味，就一不留神重重地摔倒在地。我哭着大喊："我不练了，为什

么我要承受这一切！"

我又开始消沉。一天夜里，一场突如其来的冰雹袭击了这个小城，牵牛花也未能幸免。第二天醒来，它只剩下了根部一小截。我流泪了，也许它将从此枯萎。

一天，蒂莫西把牵牛花搬进来，兴奋地说："你看！牵牛花发芽了，冰雹根本摧不毁它。它这么柔弱，都不轻易放弃，你呢？"

一年后，我终于可以自由行动了，虽然不能像以前那样灵活，但我终究打破了医生的预言。

现在每当我看到牵牛花就会想起那段艰苦而且有意义的日子。想起我的好朋友蒂莫西带给我的支持和鼓励。

嘿，听我说

这篇文章的第三段中用"牵牛花在风中抖动着嫩绿的叶子，似乎想往上爬。"暗喻了下文汉娜要向牵牛花学习，克服苦难积极向上的精神，这段话起到了画龙点睛的作用。

27 种蘑菇的蚂蚁

　　蚂蚁会种蘑菇？难道它们喜欢吃蘑菇？别着急，看了你就知道了。

　　在南美洲巴西的热带雨林里，生活着一种被当地人称为"沙乌巴"的切叶蚁。切叶蚁的外号叫蘑菇蚁，它们最大的特点是以自己栽种的蘑菇为生，过着"文明开荒"的耕种生活。

　　切叶蚁的食物加工过程很有趣，它们拥有一个分工明确、管理周详的团队。体型最大的工蚁每到傍晚便离开巢穴去搜索自己喜爱的植物叶子，利用刀一样锋利的牙齿，通过尾部的快速振动，将叶子切锯成新月形的碎片。同时，它会发出信号，招来其他工蚁加入到切锯叶片的行列中。切下叶片的工蚁背着自己的"劳动成果"回到蚁穴。它们的体能和速度很惊人，常常会背着比自己身体重许多倍的食物来回奔跑。

　　工蚁将叶片背回蚁穴后，就会交给较小的工蚁。这些较小的工蚁会把叶片切磨成浆状，并将粪便浇在上面。然后，又有一群工蚁在另一个洞穴里将液浆涂抹在一层干燥的叶子上，另外的一群工蚁从老洞穴里把真菌菌丝一点点移过来，种植在叶浆上。真菌菌丝在叶片上像雾一样扩散生长，一大群矮脚蚁则承担管理

菌园的任务。

　　它们为什么要做这些呢？原来，对于切叶蚁来说，真菌是它们的主要食物来源，甚至可以说是它们的生命线。因此，它们十分注意呵护、培育真菌。切叶蚁用昆虫的尸体或植物残渣等有机质培育真菌。它们对菌园的管理十分认真，特别是那些专门担任警卫工作的兵蚁，更是寸步不离菌园，生怕外来蚁入室偷窃。它们个个勇猛异常，一旦发现不速之客，就会与入侵者展开殊死搏斗。

快乐嘎崩逗

1. 我不是每次吃完饭就看电视，有时我边吃边看电视，生活中有些改变，会增加乐趣。
2. 我感觉体内有一只骨瘦如柴的小猫，它……觉得饿了。

28 驰骋的马

她是个爱美的孩子。

从农村突然到了县城上学，和同学们逛过几次街以后，她再也没有去过任何一条街道，除非不得已路过，她也会尽量强迫自己，目视前方，从不左顾右盼。其实，她并不是害羞，而是，怕街道两旁橱窗里的时尚服装伤了自己的自尊。

突然有一天，她开始打扮自己，把自己侍弄得像一盆太阳花般招展。

她最怕别人喊她"土包子"，而她却不知道，她从一个"土包子"蜕变成一个"水晶包"，她的父母在背后付出了多少心血和汗水。父亲在镇上的建筑工地上做瓦工，磕磕碰碰的，身上常年伤痕不断。她的母亲在医药厂给人洗药材，遇见一些过敏的药材，往往两只眼睛能肿得眯成一条线……可以说，她是用父母的心血编织了自己的虚荣。

更可怕的是，她的成绩一落千丈。由当初进班时的第一名，滑落到中等偏下。英语测试已经两次考试不及格了。

一个午后，班主任王老师把她喊到自己家里。给她讲了这样一则寓言：

从前，有一匹小马，从小立下志愿，要做一匹驰骋天下的千里马。做千里马的第一条就是要比速度，然而，这匹小马始终落在别人的后面，几次

失败以后的小马泪流满面，跑到妈妈那里，把自己的苦衷说给了妈妈听。

妈妈让小马按照比赛时候的样子跑一遍给自己看。小马准备了一个漂亮的起跑姿势，然后有规律地"的的——的的的：的的——的的的……"

妈妈笑得前仰后合，说："孩子，一匹太在乎自己奔跑姿势的马是跑不快的。若想成为千里马，必须抛弃那些俏皮的姿势，奋力奔跑，这样才能跑得快呀！"

后来小马按照妈妈的嘱咐，终于成为一匹迅如疾风的千里马。

寓言讲完了，她从此谨记着王老师的寓言，一改往常的陋习，考上了重点高中、名牌大学。再后来，她成了某大学文学院的博士生导师。

29 歌溪

这是条爱唱歌的溪流，村里人叫它"歌溪"。

歌溪的水多么清，多么凉啊！它从很远的山涧里流出来，两岸是浓密的树林。

歌溪有一段，它的水是银亮的，闪着光，从长满苔藓的山崖上跳下来，溅起一蓬一蓬亮晶晶的水花。它在那里积了很深的水潭。歌溪的这一段像一个调皮的、不懂事的孩子，它的歌声有点粗野。

顺着一块光滑的石板，潭里的水急速地向下流淌。石板上披覆着长长的青苔，像鲜绿的丝线，又像姐姐的长发。歌溪的这一段像一个活泼的孩子，它的歌充满了欢乐。

慢慢地，歌溪变得文静起来。它静静地流着、流着。啊！它的水变得绿莹莹的了，是那掩映着歌溪的团团绿树带来的吧？歌溪的歌声变得非常美妙。那一路的绿树林里，有无数的鸟儿在合唱。金翅鸟、杜鹃鸟、画眉，这些有名的鸟中歌手，自然是最活跃的。无数的鸟叫声在鸣啭，这里"咕咕"，那里"喳喳"，一片喜歌！就是嗓音很粗的大山雀、白头翁，也少不了要表演一番低音独唱，把"咕嘟噜，咕嘟噜"的叫声，拖得老长老长的。找工雀、布谷鸟的歌声，有时会盖过许多鸟儿的合唱。不过，谁也不会说它们骄傲。

更快乐的日子，是在夏天。歌溪这时涨水了，可还是那么清！它打着漩，在水面上泛起一圈一圈浮雕一般的花纹。我们脱光衣服，大声笑着、叫着，跳进水里去了，水花溅得老高！在本来就活蹦乱跳的歌溪里，我们响起一片打水声、笑声、喷鼻子声，以及乱喊乱叫声。整个歌溪越发欢腾了。

有时候，我喜欢一个人仰面朝天，躺在水上，任凭歌溪载着，随意漂流。我穿过浓密的树阴，柔软的柳条拂着我的脸，无比的凉爽使我有些害怕。稍稍闭一下眼睛，穿过树阴，我看着湛蓝的天空，一团一团的云朵，白得耀眼。歌溪两岸闪着太阳的金光，鸟儿唱着，知了叫着，同伴们欢笑着。我不由得一个翻身，想一把抱住歌溪，就这样永远抱着……

歌溪啊，你给了我们多少欢乐！

30 女生和男生

　　郭宝宝居然在校报上发表了一篇文章叫《咱班女生有啥好说》，文章里，他历数全班女生的缺点，比如喜欢吃零食啦，上课废话特别多啦，总是欺负男生啦等等。

　　郭宝宝是我们班的班长，平时总喜欢找我们女生的茬。

　　"阿拉蕾，"朵朵拍拍我的肩膀，"你作文写得好，你也赶紧写一篇文章叫《咱班男生没啥好说》投稿，并指名道姓把郭宝宝给批评一下，看他们还敢嚣张！"女生们都附和起来。于是，我写了两页历数班中男生缺点的文章给校报寄了出去。

　　没想到，没多久文章就给退了回来。我正拿着退稿信，却看到郭宝宝兴高采烈进教室，高高扬起手中的一张蓝色纸片，说："我拿到生平第一次稿费啦！"男生们立刻围了上去。女生们都哭丧着脸，经过紧急磋商，决定全体女生不再和男生说话。

　　接下来的日子，女生果真做到了和男生不说话，就连老师安排我们做课堂讨论，女生也

不搭理男生。

"阿拉蕾，救我。"郭宝宝在QQ上发信息给我，"艺术节不是要开始了吗？咱班现在这样，还怎么搞活动呀？"看我不理他，他又发一连串信息过来，说："得罪女生不是我的本意呀，阿拉蕾帮帮我，我们让咱班重新团结起来。"

我看到郭宝宝可怜兮兮的就写到："如果你说的是真的，我愿意帮你，但是千万帮我保密哟。"

最近，班里女生陆续都收到了一封来历不明的信。因此没多久，女生们不约而同地开始和男生说话了！这正是我和郭宝宝的计划，我把每个女生的优点罗列出来，而郭宝宝负责给每个女生写一封信，把她们的优点夸大再夸大。

本来以为这件事情就这样结束了，没想到，过了一个月，郭宝宝又发表了一篇文章，叫《打动女生其实很容易》，把我和他的计划全盘托出！

这次全班女生集体尖叫。我成了全班女生的公敌。郭宝宝，你真是把我害惨啦！

31 绿豆"受审记"

今天下午，在粮食王国的最高法院五谷区分院，公开审理"绿豆抬高身价"一案。

审判长：南瓜，陪审员：小米、高粱，书记员：黑豆，公诉人：大米。

下午四点整，工作人员到齐，审判长一声令下："开庭，带原告、被告入庭。"原告小狗花花大步流星走上原告席，被告绿豆左挣右扎，被送审人员花椒和辣椒带入被告席。

审判长南瓜喊道："请被告自报家门。"绿豆无奈地说："我叫绿豆，家住粮食王国五谷小区豆子大街幸福楼2804室。"众人一片唏嘘：绿豆一向遵纪守法，乐于助人，怎么也被告上了法庭？

"肃静！公诉人宣读公诉词。"审判长说。

大米不慌不忙地站起来："绿豆为了自己的利益，身价一路飙升，比肉都贵，从原来的三块五暴涨到十一块，害苦了人类。"

绿豆的辩护律师红豆胸有成竹地说："绿豆没有罪，绿豆涨价一是因为别有用心的专家大

肆宣扬喝绿豆汤包治百病，引起人们疯狂抢购，导致绿豆缺货涨价；二是因为有些不法商贩趁火打劫，囤积居奇，人为炒作，抬高价格。相继受害的还有大蒜、生姜两位蔬菜朋友，这是人尽皆知的事实，所以是人类玷污了绿豆的清白，我的当事人是无辜的。"

"对方辩护律师言之有理。"原告律师葫芦一脸平静，"可是，你们有没有为那些疯狂抢购绿豆的人想一想，他们不去买，就没有绿豆吃。"

"请原告律师不要这么咄咄逼人，绿豆也是受害者，这一切都是人类造成的。"红豆反驳道。

审判长南瓜深思熟虑后从人类世界请来了一位阿姨作证，阿姨说："大家不要责怪绿豆，绿豆真的是无辜的，罪犯是那些囤积绿豆，扰乱市场的人，警方已经开始了调查，一定会将那些人绳之以法的。"绿豆声泪俱下，哽咽着说："谢谢您为我澄清。"观众席上的人也频频点头。

南瓜审判长当庭宣判："根据《粮食法》第43章第32条规定，绿豆犯罪事实不成立，即当庭释放。退庭——"

32 "鞋"满幸福

时间：一个午后

地点：鞋子博物馆

人物：草鞋、布鞋、皮鞋、时尚鞋、休闲鞋、鞋博士。

（幕启）

鞋子博物馆里各类鞋子济济一堂，原来是鞋长老召集大家开会，要谱写一首"鞋歌"，纪念近六十年来的"鞋路"历程……

草鞋：（宣布议程后，捋了捋长须，清了清嗓子）在那个落后的年代，无论是下地干活，还是上山砍柴，我们都是老百姓的忠实守卫。尽管我们退出了历史舞台，但我们展现了中国人的勤劳、智慧和勇气，这种民族精神是永远都不会改变的。所以我认为歌词里，草鞋应该居主要地位。

布鞋：（毕恭毕敬）草鞋前辈功不可没，但人民生活好转后，我们布鞋就默默担起了劳动人民耕地、插秧、翻土的责任，哪怕伤痕累累，我们也毫无怨言。在历史的长河里，我们也是一滴不可或缺的水珠，我想歌词应该以我们布鞋为主。

皮鞋：（昂着油光发亮的头）草鞋、布鞋是贫穷的象征，我们皮鞋才是人们最喜爱的一种鞋，是生活水平提高的标志。怎能让"贫穷落后"的象征占领歌词的主要地位？这能顺民心嘛？

时尚鞋、休闲鞋：（异口同声）要说顺民心，那非我们时尚鞋（休闲鞋）莫属！什么叫"潮流"？去问问那些俊男靓女吧！我们是走在时代最前沿的鞋，怎能不以我们为主？

鞋博士：是的，是各位陪伴人们走过了许多重要时刻，经历了无数风风雨雨！草鞋、布鞋不嫌弃贫穷，默默护卫着老百姓一路走向富裕，其精神可敬可佩，歌词里自然少不了你们。皮鞋擦亮了人民生活的一个时代，时尚鞋、休闲鞋让我们的生活五颜六色，功劳也不可抹杀。六十年的沧桑巨变，幸福已累积得越来越多，鞋族也在不断地变迁、壮大，应该说每一种鞋子都能折射出时代的变迁，所以，我建议，把各种鞋子都写进歌词，不分主次。你们看如何？

（尾声）

最后，通过民主表决，他们把各种鞋子所承载的历史使命与光辉历程都写进了歌里，这就是《"鞋"满幸福》。

33 孙悟空找工作

　　一天，悟空正在看电视，忽然被一则招聘启事吸引住了。国家招聘情报部长，孙悟空看了很激动，一个跟头来到面试会场，到了面试会场后却听见主持招聘的主考官正在大声宣布："我宣布×××当选情报部部长……"

　　孙悟空急了，赶紧跳到评委面前说："不好意思，我来晚了。"主考官见一只猴子打断了自己的话，十分生气，转身对工作人员说："怎么来了一只小毛猴？快把它给我赶出去！"工作人员凶神恶煞地说："出去，赶紧出去……"

　　孙悟空恼羞成怒举起金箍棒，一棒把主考官的桌子打成碎片大喊道："你们要不要我当情报部长？"主考官一时间吓傻了眼，但明白来者不善，便说："既然如此，就给你一个机会，把我的桌子变回去。"孙悟空嬉皮笑脸地说："好说好说。"拔下一根毫毛，轻轻吹了口气，喊了一声"变"，就变出了一张崭新的桌子。主考官见了拍马屁似地说："了不起，了不起，这种人才，真是难得！不过，我们是选拔情报部部长，因此我还要看看你在打探情报这方面有什么突出表现。"孙悟空说："好啊，那你就随便出个考题吧！"

　　主考官说："现在有一个隐形眼睛藏在保险箱里。这枚隐形眼睛藏着机密！但是一般人打不开保险箱，你能打开吗？”“简单简单。”悟空不以为然地说，“就这点小事，简单得很。”孙悟空拔一根猴毛变出一把钥匙，打开了保险箱。

主考官又说：“作为情报部长一定会易容术，你会吗？”孙悟空说：“这有什么了不起的。看我的！”说着摇身一变，就变成了一个活泼可爱的小男孩。他剃着小光头，穿着红肚兜，奶声奶气地对主考官说：“各位叔叔、伯伯，下午好！”大家纷纷称赞。这时，悟空又变成了一个年轻貌美的姑娘，穿着漂亮的连衣裙，手里拎着一个皮包，笑盈盈地望着大家。大家更是赞不绝口。

主考官竖起大拇指，对悟空说：“既然你这么厉害，那我就宣布，你当选情报部部长。”大家纷纷鼓起掌来。

孙悟空高兴得抓耳挠腮，上蹿下跳，他心里对这个职位非常满意，准备全力以赴，干好这份工作。

34 画中的马儿

新春佳节之际，妈妈买来一幅年画，我看了一眼，这幅年画并没有什么特别吸引人的地方，我心想：书店里有那么多的年画，为什么要买这幅呢？我一边琢磨，一边细细地欣赏起来。

这是一幅国画，画的背景是巍峨挺拔的高山，被淡淡的烟云笼罩着，使群山若隐若现，令人神往。山下横插过来一枝苍劲的松树，松树下是一对飞奔的骏马。

奔在前头的是一匹枣红色的。它全身火红，仰天长嘶，黑色的鬃毛高高飘起，全身的肌肉结实得像拳击场上的运动员，一块一块地凸起来，显得十分健美有力。枣红马腾空而起，连柔软的马尾也甩得很起劲。

我想画家也许是把《三国演义》里面关羽的坐骑——赤兔马画在上面了吧？好威风啊！看着看着，我心里痒痒的，真想骑上枣红马奔驰一番。

紧挨着枣红马的是一匹白马，

从头到尾一片洁白，连一根杂毛都没有，像一团白云轻轻飘来，显得那么洒脱、矫健，分明是一匹千里马。

我越看越着迷，仿佛看到了它们自由自在地飞驰在宽广的原野上。

这时，我猛然想起刚才的疑问，便跑去问妈妈。妈妈神秘地一笑，反问我："你属什么呀？"我才恍然大悟，抢着说："知道了，知道了，我属马，这年画上的马象征着我，您希望我努力学习，不怕困难，不怕挫折，永远向前飞奔，对吗？"妈妈满意地点点头。

啊！马儿，这是妈妈对我多么殷切的希望，也是多么美好的愿望，我决心让这愿望变为现实。马儿，请你带上妈妈的希望，带上我的心愿，飞奔吧……

闪亮之星

我们在读散文的时候会有一种身临其境的感觉，这是因为散文中有优美的语句。同学们经常读散文、写散文吗？赶快动动笔写一篇优美的散文吧！拿出自己写的散文在班上念给同学们听，看看大家读了你的散文后有什么感想。如果班里的同学都写散文，还可以评出"闪亮杯"散文之星哦。

35 课间"疯神榜"

很多任课老师都说我们六（1）班是典型的"两面派"，意思就是：有老师和没老师简直是天壤之别。但据本人不完全统计，每天的早自习下课后，我们班的同学马上会变为"三面派"：下课铃响之前是"乖乖兔"（装模作样，服服帖帖），下课铃响时是"大灰狼"（争先恐后，到处乱窜），下课铃响之后则迅速变为"疯子"。变化之快，无人与之媲美。这不，又是一个早自习下课了——

"交语文作业啦！""快交数学作业！""其他两科别忙，先交科学作业！""再不交英语作业，自己看着办……"这是我们班的四大"疯吼"在咆哮。他们的"河东狮吼"之功，深得柳月红真传，且青出于蓝而胜于蓝。每当早自习下课铃声一响，这四人必定如期而至，催促同学们交作业。

"沙沙……"按照惯例，在"河东狮吼"之后便会出现如下小雨般的声音。不用看也知道，肯定是我们班的"疯抄"们又在奋笔疾书地完成作业。我想奉劝这些仁兄："早知如此，何必当初。"可是老天似乎不给他们机会了，这不，老班的突然驾到让他们纷纷"落网"，唉！后果不堪设想……

"哧哧……"在老班怒气冲冲地离开教室后，这种声音便开始蔓延。仔细一听，原来是我们班的"疯食"们在大吃特吃。时间有限，所以"疯食"们吃得格外投入。他们吃得天昏地暗，简直欲罢不能，眼神里流露出的那种满足感让人觉得他们吃的似乎是珍馐佳肴。

"吵死了，再睡一下该多好啊！"耳边传来的便是不绝于耳的哈欠声。哇！那边几位仁兄的狮子口张得好大，眼圈黑得像国宝大熊猫。可怜啊，这几位"疯睡"昨晚肯定又看电视看过头了。他们现在最想见的人一定是周公，可惜只有短短几分钟，万一睡过头了，上课铃响了还没醒过来，让老班知道的话，"江湖"又会掀起一阵腥风血雨……

"丁零零……"上课了！各位"疯大侠"，"疯管"（班主任）来啦，快变回"兔子"！"疯子"们一听，个个面露惧色，以迅雷不及掩耳之势变回了"乖乖兔"，课间"疯神"榜到此结束。

36 白色的栀子花

一束鲜花——一束白色的栀子花，总会在我的每个生日送到我家。花束没有可见的留言卡；到花店老板那里也查不出赠花人的姓名，因为这花是现金零售的。白色的栀子花依偎在柔和的粉红色的包装纸里，纯洁无瑕，为我带来无穷欢欣。

我没法查明送花人的身份，然而没有一天不在揣想这位匿名者的形象。每一次我想起这位也许是出于羞涩或是出于乖僻而不愿意透露自己真实姓名的神秘人士的时候，都是我最幸福的时候。

妈妈也给我的想象推波助澜。她多次问我，是不是我曾经为某人做过什么好事，而今他以这种方式向我表示他的谢意？会不会是那位我常常帮他卸车的开杂货店的邻居？会不会是那位老人，在整个寒假里我都帮他取邮件，让他省去了在冰地上滑倒的危险？会不会是哪位年轻人，对我怀有浪漫之想？我实在无法知道。而栀子花的馥郁与温馨却无时无刻不陪伴在我的身旁，让我真切地感觉到自己是可爱的，值得别人关心和爱。

　　我就是在这栀子花中想象，在栀子花香中成长，一直到22岁。这一年，我妈妈过世了，生日里的栀子花也就是在这一年中断的。

嘿，听我说

　　我们随着作者的叙说和她一起猜测，可以说这个悬念吊足了胃口，谜底在最后一刻得到了揭示，让我们恍然大悟，同时也被这份母爱深深打动。

37 邮票劫案

日本邮票收藏家竹田秀夫，在纽约的邮票拍卖市场上以15万美元的高价击败了美国集邮商，买下了一枚"邮局邮票"。

这枚邮票是在1847年印度洋上的一个英属殖民地毛里求斯岛发行的，而且是在距今一百四十几年前一个巴掌大的小岛上发行的。当时岛上连一个像样的印刷所也没有，还是由一个钟表匠采用凹版印刷制作的，而且不知是疏忽还是什么缘故，竟把"POST·PAID"（邮资已付）的字样印成"POST·OFFICE"（邮局）。经考证，这种邮票目前世界上仅存26枚，称得上是珍品中的珍品了。

拍卖结束后，秀夫避开记者的纠缠，悄悄离开拍卖市场，急于回到下榻的饭店好慢慢欣赏一番这枚用15万美元巨

款买到手的珍贵邮票。

可当秀夫走到地下停车场刚想拉开车门的时候，突然，他头部被钝器击了一下，失去知觉。

当他醒来后，见自己的手脚被紧紧地捆绑着，关在一间不知是什么地方的车库里，身边围着三个戴着墨镜的人，秀夫马上观察了一下周围，断定他们是一伙专门抢劫他邮票的强盗。

秀夫虽已妥善藏好邮票，但他怎么也没有料到刚一出拍卖市场就遭劫。

两个马仔搜遍了秀夫衣服所有口袋，但口袋里只有300美元、手帕、钥匙以及使用过的一张明信片。明信片上绘有富士山图案，是从日本寄来的。

"是明信片上贴着的这张邮票吗？"马仔问。

"不是，这是日本极普通的纪念邮票，别看尺寸挺大，连一美元也不值。"秀夫说。

"可是，没见有其他邮票呀。头儿！会不会是这个家伙把邮票藏在拍卖行的寄存柜里了？"

歹徒们扒光秀夫的衣服，用剃刀把西服和内衣一点点剥开，把鞋割成碎片，从头到脚仔细搜了个遍，当然头发里也没放过。但最终还是没找到那枚价值15万美元的邮票。

秀夫到底把邮票藏到哪儿了呢？

答案：原来秀夫将邮票贴到有富士山图案的那张明信片上，再在上面贴上普通的纪念邮票。

38 飞雪之谜

六月飞雪的成因

天气突变，雪花飘舞，气温剧降……六月降雪，十分罕见。元代戏曲家关汉卿所著的《窦娥冤》中便有"六月雪"的情节：窦娥受冤，被押赴刑场处斩，"天公"为其鸣不平，在炎炎夏季的六月天突降鹅毛大雪，以六月飘雪昭示了窦娥的不平。那么，六月飞雪的天气现象究竟是怎样形成的呢？

气象专家认为，这种反常天气现象多是由夏季高空的强冷空气入侵造成的：在气候异常的年份，冷空气盘桓在3000米以上的高空，使局部地区气温下降至0度以下，再加上近地层有暖湿空气上升，冷暖空气相遇从而产生了短暂的"六月雪"天气。

有趣的六月飞雪现象

六月飞雪是随着自然气候的变化而出现的一种自然现象，它的产生与人类对大自然的破坏有着一定的关系。面对

这种奇特的自然现象以及它给人类带来更大的破坏，人类应当以科学的态度去面对它，身体力行地保护自然。

六月飞雪，在我国青藏高原地区经常出现，而且有时出现得十分诡异，令人大惑不解。2005年6月的一天，几个科学考察队员攀登珠穆朗玛峰。从山脚出发的时候，天气晴好，碧空湛蓝，但当他们爬到半山腰时，发现山腰一带彤云密布，气温剧降，不一会儿，云中竟然飘下了大朵大朵的雪花。

"六月雪"现象似乎不足为奇，令人惊奇的是，热带地区也曾下过六月雪。1982年7月的一天，位于赤道附近的印度尼西亚伊里安岛的伊拉卡山区，就遭遇了历史上罕见的特大暴雪袭击，大雪整整下了20多个小时，当地气温骤降到0度左右。长期生活在热带地区的当地人，从未经受过如此严

快乐嘎崩逗

1. 一学生，成绩年年倒数第一，常与人打架，于是，老师给学生的期末评语是：该生成绩稳定，动手能力强。

2. 智商是什么东西，给……给我拿来！

39 秋天的风景

秋天的雾好大呀！朦朦胧胧、迷迷茫茫中，太阳露出又红又大的笑脸，整个树林生机勃勃。像初春的早晨一样，虽然落叶松的叶子黄了，枫树的叶子红了，白杨树上像挂满了桂花，漫山遍野的野菊花正开得绚丽多彩，春光秋色都是那么美不胜收！

到了山顶，太阳刚刚露出头来，大雾弥漫了天边和整个树林。这时的景色最美，太阳又大又圆，像蜡染一样，还没放出耀眼的光环。远山被一层薄雾笼罩着，就连近处的树林也披上了淡淡的轻纱，真像走进了仙境，眼前的景色若隐若现。

站在山顶上，秋风习习，雁落声声，远山近水依然云雾缭绕，如诗如画。漫步在山间小路，满目都是红、黄、绿相间的景色。白杨树的叶子好黄啊，我仰望着一棵又高又大的白杨，为它的美而惊叹。白杨的美就像一处风景，像一首含蓄的小诗，清新、优美。

放眼望去，远处的景色就更别致了，那红红的枫叶在秋天中形成了一幅美丽的画卷。远看，它像一簇簇的映山红，被风一吹，叶子像蝴蝶一样满山飞舞；近看，它像红硕的花朵，姿态万千，风情百种。野菊花是秋天最后的风景。秋风拂过山林，传来野菊淡淡清香，抬眼望去，我顿时被这一大片、一大片的野菊迷住。

这黄的、白的、紫色的野菊，真是亭亭玉立、娇美动人，叫人仿佛走进了花的世界，到处洋溢着芳香的气息。真的好美，就连春天百花齐放的时候，也没有这样的景致！野菊的生命非常顽强，它能抵御风霜雪雨，即使秋风无情地折断了它的腰身，它依然烂漫地开放。

采了一大把野菊，我捧在胸口，好像把秋天揣在了怀里。我知道它并不属于我，离开了养育它的土地，它的生命也即将枯萎，也只能带给我一瞬间的美丽。可是我还要把它插在床头上，这样时时都能闻到山野的气息。

这样的美景可能一夜之间被风霜侵蚀。可是我依然觉得：生命那么美丽，一定要珍惜每个瞬间！

40 没有硝烟的战争

期中检测悄无声息地来了，一场战争即将拉开帷幕。有了六年的抗战经验，这次又算得了什么呢？要来的终究还是来了，今天便是期中检测的日子！这一天，我的一场脑细胞战争打响了。

我手握武器（笔），过五关斩六将，英勇杀"题"，终于挺过一道道艰难险阻。上半场是我与数学和英语的较量。检测过后，我飞跑到老师办公室对答案。耶！经过鄙人勇战，我方大胜，损失较小。数学稳拿95分，英语也以90分大胜。这对我来说的确是一件喜事，起到了极大的鼓舞作用。

语文可不好对付，对方的"阅读"与"作文"两员大将可是出了名的厉害，据我多年的作战经验来看，没有几个人不在这里损兵折将的。

下午，带着征服试卷这个目标，我进

入了最后的生死之战。试卷发下来后，我大致看了一下，难度不是很大，作文也写过类似的题材，不禁心中暗喜。答卷铃声一响，我奋笔疾书，那铃声扣住了战士们的心弦，只能听见班里"沙沙沙"的写字声。

突然，我的笔停下来了，目光在一道改正错别字的题上盘旋着。"我没复习到啊，可又在哪儿见过啊！神啊！请赐给我智慧吧！"我心急如焚。嘀咕着，"天灵灵，地灵灵，'世外桃园'中哪个混蛋字是错的？请告诉我！"半天我还是没一点儿头绪，我抬头看了看班长，只见他正在埋头苦写，似乎没有什么问题难得倒他。我又看了看学习委员，只见他从容自在，一副悠闲自得的样子。我的心更急了！

此时，一股强烈的欲望促使我想当长颈鹿。脖子刚一伸，鲜艳的红领巾开始说话了："小胡啊，你可是连续五年的'三好学生'和'优秀少先队员'啊！"它制止了 我那愚蠢而丑陋的行为。我突然想起了什么，一个模模糊糊的影子从我的脑子里一闪而过，渐渐地，我想起来了，是"园"字错了，应该是"源"。"哈，就这难度想整我？还差了点儿！"我不禁叫了出来。

战争终于结束了，我打扫完战场，准备回去接受犒赏，哈哈！

41 美味在眼前

清晨，在山中，一条河流静静地流淌。

有一只苍蝇在河面上方飞旋，离河面仅差几厘米。水中有一条小鱼，它想，如果苍蝇再飞下来两厘米我就可以跳起来吃掉它了。在岸边潜伏着一只熊，它心里想着如果苍蝇飞下来两厘米，那条小鱼就会跳起来吃掉它，而我就可以冲过去好好地享受一顿美餐了。在河流附近，一个猎人正藏在高高的草丛里，他静静地看着这一幕，想着如果苍蝇下降两厘米，小鱼就会跳起来吃掉它，熊就会跑过去抓住鱼，而我就可以一枪击中那只熊。

在岸上的一个洞口处，有一只老鼠。它想着如果苍蝇下降两厘米，小鱼就会跳起来吃掉它，熊就会跑过去抓住那条鱼，而猎人就会站出来向熊射击，而我也就有足够的时间去拿走他袋子里的奶酪了。这

时，在附近的一棵树上，蹲着一只小猫。小猫想：如果苍蝇下降两厘米，小鱼就会跳起来吃掉它，熊会跑过去抓住那条鱼，而猎人就会站出来向熊射击，而那只老鼠就会跑出来偷奶酪，那样我就可以抓住它了。

大家心里都美滋滋地，满怀期待。突然苍蝇下降了两厘米。早有预谋的它们立刻按计划行动起来。鱼跳起来吃掉了苍蝇，熊冲出来一口将鱼吞进肚子，猎人站起来向熊射击，然而一声枪响打破了所有的宁静，老鼠吓得忘记了奶酪，而猫也忽然失去了平衡，从树上掉下来。

当我们紧紧盯着人生的诱惑在心中做着自认为完美的计划时，我们常常会忘记一声"枪响"所带来的一连串的恐慌。

嘿，听我说

这个故事用拟人化的手法详细叙述了动物的心理活动，使我们阅读起来感觉很真实自然。一声枪响却打破了这种状态使得读者从梦想回到了现实。

42 母爱

　　这是一个真实的故事。故事发生在西部的青海省，一个极度缺水的沙漠地区。这里，每人每天的用水量严格地限定为三斤，这还得靠驻军从很远的地方运来。日常的饮用、洗漱、洗菜、洗衣，包括喂牲口，全都依赖这三斤珍贵的水。

　　人缺水不行，牲畜也一样，渴啊！终于有一天，一头一直被人们认为憨厚、忠实的老牛挣脱了缰绳，强行闯入沙漠里唯一的也是运水车必经的公路。

　　终于，运水的军车来了。老牛以不可思议的识别力，迅速地冲上公路，军车一个紧急刹车嘎然而止。老牛沉默地立在车前，任凭驾驶员呵斥驱赶，不肯挪动半步。五分钟过去了，双方依然僵持着。运水的战士以前也碰过牲口拦路索水的情形，但它们都不像这头牛这般倔强。人和牛就这样耗着，最后造成了堵车，后面的司机开始骂骂咧咧，性急的甚至试图点火驱赶，可老牛不为所动。

　　后来，牛的主人寻来了，恼羞成怒的主人扬起长鞭狠狠地抽打在瘦骨嶙峋的牛背上，牛被打得皮开肉绽，但还是不肯让开。鲜血沁了出来，染红了鞭子。老牛的凄厉哞叫，和着沙漠中阴冷的酷风，显得分外的悲壮。一旁的运水战士哭了，骂骂咧咧的司机也哭了，最后，运水的战士说："就让我违反一次规定吧，我愿意接受一次处分。"他从水车上取出半盆水，正好3斤左右，放在牛面前。

出人意料的是，老牛没有喝以死抗争得来的水，而是仰天长哞。接着不远的沙滩背后跑来一头小牛。受伤的老牛慈爱地看着小牛贪婪地喝完水，伸出舌头舔舔小牛的眼睛，小牛也舔舔老牛的眼睛。静默中，人们看到了母子眼中的泪水。在一片寂静无语中，它们掉转头，慢慢往回走。

二十世纪末的一个晚上，当我从电视里看到这让人揪心的一幕时，我想起了幼时家里的贫穷困窘，想起了我那至今在乡下劳作的苦难的母亲，我和电视机前的许多观众一样，流下了滚滚热泪。

43 谁去捡兽夹

猎人在草丛安放了一只兽夹，上面摆了一块诱人的腊肉。

狮王得知消息，马上命令狐狸："你火速前去，以你灵活的身法，取肉而不被夹，是轻而易举的事。"为啥不派老狼去，偏让我去白白送死？狐狸窝了一肚子火，但口头还是答应了。

不料，取肉途中、天降大雨，狐狸正好借故空手而回。"这样吧，为防有诈，老狼你也一道去，有个照应。"狮王又命令老狼，让其与狐狸同行。

但到了兽夹前，谁去动兽夹？狐狸和老狼起了内讧。老狼说："我是老狼了，年事已高，叫我一把老骨头去以身犯险，不大合适。你去吧！"
狐狸说："我还有三只幼狐等着喂奶呢，你忍心让他们这么早就没了娘吗？还是你去吧！"

二人互耍太极，僵持不下。

狮王见狐狸和老狼迟迟未归，于是又派黑熊前去接应。

黑熊想，现在去捡个现

成，分一杯羹也好，欣然前往。

但到达后发现，兽夹上的肉仍原封不动。黑熊于是为难地说："我不怕动兽夹，不过，你俩去最好。因为咱们仨，数我最壮，你们要有个三长两短，我可以为你们报仇，去咬死猎人。"

"你去！"

"不，你去！"

三人谁也说服不了谁，最后不欢而散。

几天后，附近的兀鹫把肉叼走了，并毫发无伤。原来，兽夹弹簧早已失灵，威胁全无。

谁去动兽夹？一个人敷衍了事，两个人互相推诿，三个人则永无成事之日。

快乐嘎崩逗

画家的一位朋友来看他。画家说："我打算把这房间的墙壁粉刷一下，然后在墙上画些画。"朋友劝画家："你最好先在墙上画画，然后再粉刷墙壁！"

44 宁宁偷小猫

"小小少年，没有烦恼……"优美的旋律哼唱出童年的快乐。童年的趣事如点缀着宇宙的星星，撒落在成长的岁月里。

猫妈妈生了一窝小猫崽，宁宁趁猫妈妈不在时，偷了一只出来玩。这只小黑猫真好玩，它瘦瘦的，闭着眼睛，乖乖地趴在那里，叫起来细声细气的。宁宁把它搂在怀里，又是抚摸，又是亲吻，还抱着它在床上玩呢。

不一会儿，猫妈妈在叫了，一声接着一声，大概它发现有一个孩子不见了，正在寻找那丢失了的小宝贝呢。可是，小黑猫睡着了，并没有回答。宁宁抚摸着小黑猫，心里高兴极了。

又过了一会儿，小黑猫睁开了眼睛，焦躁不安地叫了起来，好像在说："我好饿啊！我好饿啊！"宁宁赶忙冲了奶粉，装进奶瓶喂它。可是不管宁宁怎么哄它，教它，它还是不会吮，急得宁宁满头

大汗。宁宁妈妈看见了，大叫了起来："哎呀，谁叫你偷出来的？这会饿死它的。"宁宁赶忙将它送回猫窝。

怪事来了。宁宁才把小黑猫塞回去，猫妈妈闻了闻它，就把它一把推到了窝外，死活不肯让它吃奶。宁宁不甘心，又试了好几次，可每次小黑猫都被猫妈妈推了出来。这下，宁宁着急了："猫妈妈，你给它喂奶吧，它肚子饿了。你肯喂它，我就给你好东西吃。"可是猫妈妈就是不理他，宁宁急得哭了。

妈妈被宁宁的哭声引了过来，说："小猫被你抱久了，染上了你的气味，猫妈妈就不认它了。"她抽出猫窝下的垫布，仔细将小猫擦了几遍，再将小猫塞回去。果然，猫妈妈闻了闻小猫，就让它吃奶了。

宁宁看着小黑猫躺在猫妈妈身边香甜地吃奶，高兴得直跳起来。不过，他再也不敢去碰小猫了，只是远远地看着。

45 露珠与绿叶

　　野花丛中，有一座小小的彩色玻璃房子，房子里住着美丽的露珠姑娘。

　　露珠姑娘特别怕晒太阳，可是她的房子是玻璃的，一点儿也挡不住太阳光。

　　露珠姑娘只好请求车前草。她说："车前草哥哥，你的叶子大。请你把叶子举起来，帮我的玻璃房子遮遮太阳好吗？"

　　车前草转动着眼珠，他正准备同顽皮的风孩子玩击掌游戏，那些叶片，全都是他的巴掌，玩起游戏来，他的巴掌可没空，车前草把叶片胡乱举了举说："唉，瞧，我的个子太矮，没法儿遮住你的玻璃房子。你找狗尾巴草哥哥，他个子高，准行。"

　　露珠姑娘去叫狗尾巴草哥哥，她说："请你帮我的玻璃房子遮遮阳光好吗？"

　　狗尾巴草同一朵漂亮的雏菊正在热恋中，雏菊娇滴滴地说："唉，天真热。"狗尾巴草赶快弯下腰说："来，我给你扇扇，我给你扇扇。"他卖力地挥动叶片给雏菊扇风。听见露珠姑娘的请求，狗尾巴草头也不抬地说："唉，真对不起，这几天我腰痛，没法儿站起来帮你遮太阳。"

太阳光越来越强烈，露珠姑娘的玻璃房子被晒得发烫，哎呀。不好，露珠姑娘住在发烫的玻璃房子里呼吸困难起来，她脸烧得通红，浑身抽搐。

紫花地丁妹妹透过玻璃房子看见露珠姑娘的模样，她着急地举起自己全部的叶子为露珠姑娘遮挡阳光，可是紫花地丁的叶子太纤细，遮挡不了太阳，她只好对车前草、狗尾巴草、鸢尾草和其他花草喊起来："别光顾你们自己呀，伸出你们的叶片吧，不用多了，只要每人伸出一片叶子帮露珠姑娘遮遮太阳，这不会影响你们干各自的事，快伸出一片绿叶吧！"

花儿草儿们听见喊声，猛然醒悟过来，纷纷伸出一片绿叶，虽然只是一片叶子，一合起来只见叶片密密层层盖在玻璃房子上，一片浓密的绿荫遮住了骄阳！

露珠姑娘得救了，她缓过气来，感激地说："谢谢，谢谢你们大家！"

从此露珠姑娘的玻璃房子上总有了一片绿荫，它由野花丛中不同的绿叶组成。

46 闹笑话的小企鹅

在冰雪乐园里，有一只小企鹅，他总是很粗心，听别人说话不听全了，所以闹出了很多笑话。下面我就给大家讲讲这只小企鹅的有趣故事，笑掉大牙可不要找我哦。

爸爸85岁啦

有一天，企鹅阿姨来他家串门，小企鹅在一边画画，他听到了妈妈和企鹅阿姨的对话。

企鹅阿姨问："哎，妹妹，你今年多大了呀？孩子都这么大了，真可爱！"

"亲爱的姐姐，我81年的，小企鹅的爸爸比我大4岁。"企鹅妈妈一边梳理羽毛一边说。

小企鹅听见了，心里暗想：我爸爸比我妈妈大4岁，

81加4等于85。这一算，小企鹅很吃惊，说道："妈妈，妈妈，我爸爸85岁啦？那怎么看上去这么年轻呀？"

妈妈听了奇怪地问："谁说你爸爸85岁啦？"

小企鹅把自己的推理说了一遍。这时，企鹅阿姨早已经笑弯了腰。

耗子怕龙

学校里，小企鹅在楼梯口，听见大白鹅对小白兔同学说："哎，小白兔，你看见耗子怕龙吗？"

"看见了呀！特别有意思。"小白兔高兴得蹦蹦跳跳。

小企鹅赶紧回到班级对同学们大声宣布："大白鹅和小白兔都看见了耗子怕龙！"

"真的呀，怎么会呢？我们谁都没看见过龙啊！"

"听说龙可厉害了，能呼风唤雨，它要是来了，能不能刮一场龙卷风呀？"同学们议论纷纷。

小企鹅不服气地说："不信，你们去问问大白鹅和小白兔。"

企鹅班的同学们排着长长的队伍，一扭一扭地向小白兔班走去。在走廊，遇见了小白兔，大家七嘴八舌地问："小白兔，你看见了耗子怕龙吗？"

小白兔疑惑地说："没有啊！你们梦游说梦话呢吧？哪来的龙？"

小企鹅说："我明明听见你和大白鹅说看见了耗子怕龙，就在楼梯口那里。"小企鹅指楼梯口。

小白兔恍然大悟："我们说的是耗子爬楼！"

"你真是个粗心的小企鹅！哈哈哈！"

小企鹅呢？面对大家的笑声，他羞红了脸。

47　最美味的面

　　他是个单亲爸爸，独自抚养着一个7岁的小男孩。每当孩子和其他小孩玩耍被欺负回来哭鼻子的时候，他就觉得对不起过世的妻子，心中不免有些悲伤和无奈。

　　这是一件他留下孩子出差当天发生的事。

　　因为要赶火车，没时间陪孩子吃早餐，他便匆匆离开了家门。一路上担心着孩子有没有吃饭，会不会哭，心中老是放不下孩子。即使抵达了出差地点，也不时打电话回家。可孩子总是很懂事地安慰他，要他不要担心。但他还是不放心，便草草处理完事情，踏上了归途。

　　回到家时，孩子已经熟睡了，他这才松了一口气。旅途上的疲惫，让他全身无力。正准备就寝时，他突然大吃一惊：棉被下面，竟然有一碗打翻了的泡面！

　　"这孩子！"他在盛怒之下，朝熟睡中儿子的屁股，一阵狠打，"为什么这么不乖，惹爸爸生气？你这样调皮，把棉被弄脏了让爸爸怎么睡？"

　　这是妻子过世之后，他第一次体罚孩子。

"我没有……"孩子抽抽咽咽地辩解着，"我没有调皮，这……这是准备留给爸爸吃的晚餐。"

原来孩子为了让爸爸回家时也能吃上面，特地泡了两碗泡面，一碗自己吃，另一碗留给了爸爸。可是因为怕爸爸那碗面凉掉，所以放进了棉被底下保温。

爸爸听了，一语不发地紧紧抱住了孩子。他看着碗里剩下的那一半已经泡涨的泡面，眼眶里含着泪水说："孩子，这是爸爸在世上吃到的最……最美味的泡面！"

快乐嘻崩逗

一位顾客挑中了一件猪皮袄，说："这件皮袄我喜欢，但它怕水吗？"

售货员解释道："当然不怕啦！难道您见过打雨伞的猪吗？"

48 梧桐花儿落

桃花谢了，槐花纷飞，一场场早春的花事过后，季节深处，树木换了新装，嫩绿、草绿、青绿、黛绿，一片碧波荡漾的绿海。此时，梧桐花悄无声息地开了，开得繁盛而素淡。

梧桐树在故乡的房前屋后，田间地头，随处可见。花开时，走过树下，一丝淡淡的香气袭来，一朵朵形如喇叭的紫色花朵缀满枝头。花开得正欢时，父亲爬到树的枝杈上，用钩子将带花的树枝折下，等候在树下的祖母摘下梧桐花，抖落微尘，收进篮中。我跟在祖母身后，拾起掉落的梧桐花，去掉花蒂，轻轻吮吸，唇边是一抹微微的甜。在那些缺衣少食的日子里，梧桐花就是我童年的糖块。

祖母自年轻时就患有心脏病，不知从何处讨得一个偏方。早上空腹，用七朵梧桐花和一个鸡蛋做汤，不加油盐，连汤带花吃下去，据说能治祖母的病。每年梧桐花开时，一家三代便聚在梧桐树下收集花朵。

祖母将梧桐花洗净，摊开在阳光下，隔段时间翻动一下，等到花儿彻底晒干到一捏就碎时，祖母小心翼翼地把花朵装进袋子里，备足一年的食用。做这

些时，祖母眼中满是虔诚和祈盼，那一朵朵干枯、萎缩的花儿仿佛蕴含着无限希望。

每天清晨，祖母把锅放在炉灶上，清水中放入梧桐花，干枯的梧桐花在水中渐渐饱满，舒展开来，重新散发出生命的光彩。水开后，磕上一个鸡蛋，梧桐花和蛋花搅和在一起，一缕似有若无的香味，弥散开去。望着汤里诱人的鸡蛋和散落的梧桐花，我忍不住喝了一口，汤却是淡而无味，竟有一种难言的苦涩，连鸡蛋也是涩涩的难以下咽。经过阳光的暴晒和时间的推移，原本有一抹微甜的梧桐花竟有了药的味道。

祖母是在梧桐花盛开的时节走的。她喜欢春天，所以选了这个季节离开。当时，满树繁花正在飘落，一朵，一朵，落地时一声轻响，把我心中的思念和悲伤敲得支离破碎，让泪飞扬在风中。

花开花落之间，不过只相隔了12个月，可树下，却再也没了祖母的身影。那些陪伴祖母捡拾梧桐花的岁月，将在记忆中开落，捻花成思，终将怀念一生。

49 愿做一支笔

你是否见过，画家手中的笔在纸上飘逸地穿行，画出了世间最绚丽的风景？你是否曾想过，是那支饱含辛酸的笔，才能完成这仙境般的画卷？有时，我真的愿做一支笔，在广阔无垠的生活画布上，描绘出自己的精彩人生……

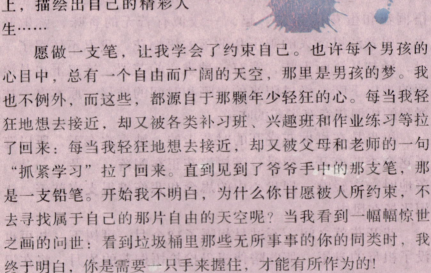

愿做一支笔，让我学会了约束自己。也许每个男孩的心目中，总有一个自由而广阔的天空，那里是男孩的梦。我也不例外，而这些，都源自于那颗年少轻狂的心。每当我轻狂地想去接近，却又被各类补习班、兴趣班和作业练习等拉了回来；每当我轻狂地想去接近，却又被父母和老师的一句"抓紧学习"拉了回来。直到见到了爷爷手中的那支笔，那是一支铅笔。开始我不明白，为什么你甘愿被人所约束，不去寻找属于自己的那片自由的天空呢？当我看到一幅幅惊世之画的问世；看到垃圾桶里那些无所事事的你的同类时，我终于明白，你是需要一只手来握住，才能有所作为的！

绝对的自由只有埋葬自己，唯有学会接受有益的约束，才能画有所成，实现自己的"笔生价值"。

愿做一支笔，让我学会了承受痛苦。每一次考试失利，我会因沮丧而痛苦；每一次见到他人的成功，也会因嫉妒而痛苦……可是，每当我想起你——铅笔，被牢牢地攥在别人的手中，承受利刀的削切，我就会深吸一口气，忘记了自己的痛苦，摒弃心中的杂念。是你，始终那么顽强，为了把自己最好的一面展现出来，你不惜让人一次次割下皮肉，在撕心裂肺的痛苦中，你无怨无悔，仿佛是春风拂过面颊，露出了花开般的笑靥！忽想起那句"天将降大任于斯人也，必先苦其心志，劳其筋骨，饿其体肤，空乏其身……"。我终于明白，你是在一次次痛苦中锻炼自己，向人展示好的一面。

　　不经历风雨怎能见彩虹，唯有学会承受痛苦，方可越挫越勇，迎来成功。

快乐嘎崩逗

　　"我动手术了，"一个人对他的朋友说，"但医生把一块海绵留在我的肚子里了。"
　　"那是不是很不舒服？"
　　"也不，就是总感到口渴。"

50 怪鸟

　　蓝山是一个天然的大植物园。这里有许多树种与我故乡的树并不一样。对于不认识的树，我总要注视良久。我就是在打量一棵树时发现了那只怪鸟的。

　　这棵树跟我一样高，褐色的树身，绿色的针叶，类似松柏。它身上的果实令我惊讶，它结着一颗颗橘黄色的圆柱形果实，而不像我熟悉的球形松塔。果实中央是实心的，而四周则是无数细密的绒毛一样的黄色针叶。果实看上去宛若蜡烛，这棵树就仿佛举着一树的蜡烛，乐陶陶地过着圣诞。

　　我伸出手，选中一颗果实，打算把它摘下来，当成一盏灯笼，吊在我房间的窗前。然而我刚用手指掐了一下吊着果实的枝条，一团白色的鸟粪"啪"地落在我那只手上。抬头一望，见这棵树的背后有一棵干枯的树，一只鸟端坐在斜伸出来的枯枝上，正虎视眈眈地望着我。

　　这只鸟跟鸽子一样大，两只翅膀颜色不一，一只白，一只褐中带蓝，长嘴，扁头，雪白的头的中央有一道醒目的褐色，眼睛上还有一圈刘海儿似的探出来的毛发，看上去怪模怪样的。它不叫，只是定定地看着我，似在沉思。我想起采摘蒲公英时白嘴鸦的举动，便疑心这些蜡烛般的果实是归属于这只鸟的。

我掏出纸巾，擦干净了手上的鸟粪，欲再次摘下果实时，"啪"的一声，又一团白色的鸟粪落在我的手上，我抬头张望那只鸟。它依然端坐在枯枝上，不动声色地望着我。它的镇定自若与它准确无误地对着我的手排泄的行为，让我觉得它是我觊觎的这棵树的守护神。我不知道自己若真的摘下那颗果实的话，它会怎样地报复我。我又取出一张纸巾，擦干净了鸟粪，并且收回了手，离开了那棵树，从山冈走下来。

当我回头再望它时，它已离开了枯树，它去了哪里，只有天知道。但我相信，只要我折回身来窃取那果实时，它准会从天而降，把那对它来说如炸弹一样的鸟粪，投掷在我的身上。

51 小事亦重要

　　韩国的日用品都具有结实、耐用的特点。我观察他们的厨房用具和卫生间洁具，包括柜橱上的拉手，都制作得沉实安稳。

　　一口煎锅或一只抽屉拉手，其实能反映一个国家的经济实力、职业道德以及对"标准"的严谨意识。

　　我在韩国首尔街上走路的时候，眼前不时会出现一组救火用的应急水龙头，大多为3个一组，顶部呈弯头状，材料是黄铜。我之所以格外注意它们，是因为在人来人往的大街上，它们被擦拭得那么光亮，使你误以为它们是精美的雕塑。

　　吃饭了，我们打开电视，一个频道正在播放如何制作海鲜菜肴。一个妇女正在为顾客表演冷拌生蟹，她先把刚从海里捞上来的活蟹剁成小块，盛在大碗里，浇上各种调料，然后在碗里翻腾着搅拌。

　　我问旁边的韩国女孩雪子，生蟹为什么一定要用手去拌？雪子说，韩国的冷拌菜一般都讲究直接用手拌，因为韩国人认为手指本身有味道，有温度，不同的手拌出来的菜会有不同的味道。切生鱼片时多由男性来切，因为生鱼片对温度很敏感，过热就会失去鲜味，而男性的手温是低于女性的。

"戴上薄手套不是更好吗？又卫生，又隔温。"我问雪子。她说，戴上手套的手感觉是麻木的，切的时候心里没有底，切出的鱼片肯定不均匀。

这样说来，韩国的冷拌菜其实是融入了皮肤的暖意。一只手究竟有多么独特的气味可为菜肴增色，单是这种讲究本身便是一种浪漫的文化。

饭后，雪子不小心把剩菜倒进了可回收的垃圾桶内。这下可麻烦了，她干脆把那只垃圾桶扣个底朝天，再从倒出的垃圾里一点儿一点儿往外拣剩菜。我知道，韩国是世界上为数不多推广垃圾分类成功的国家之一。

也许正因为都是小事，所以才重要。

嘿，听我说

文章中举了大量的例子来说明小事情很重要的道理，既通俗易懂又使得全文看起来很有说服力。

52 神奇椅

    我要发明一种椅子——"神奇椅"。它是一种交通工具，但又不同于自行车、飞机和轿车。它是集一切交通工具于一身的"神奇椅"。

    人用声音命令"神奇椅"开机，这不但方便，而且还有一个好处：只有自己能开机，因为每一个人的声音都是不同的，因此要为"神奇椅"加一个语音识别系统。

    如果你说一个开字，"神奇椅"就会显示开机画面，弹出一个菜单，菜单里面有"世界地图"、"随便逛逛"、"影音播放"三个功能选项。如果选择"世界地图"这时就会出现一幅地图，地图中间的一个小蓝点代表你所处的位置。这个地图是世界地理的最新状况，而且它是真实的动态场景，而不是经过3D过滤的动画。你可以使劲放大画面，跟踪一只蚊子也不成问题。知道这是为什么吗？因为每一台神

奇椅都有一个私人卫星，只为自己服务。如果你选择了"随便逛逛"，那么屏幕上会出现一个对话框，那是要你输入要去的地方，如果你已经想好了要去哪里，说出要去地方的名字就ok了，如果你还没想好就可以选择"世界地图"或"随机"。选择"随机"神奇椅会带你去一个你没去过的地方，如果你选"世界地图"屏幕上会出现"世界地图"，你可随便选一个地方。

当你去某个地方的时候，神奇椅还可以自动为你播放你喜欢的电影。而且神奇椅上，有一项自动按摩功能。这不是传统的按摩，它靠数字化信息刺激神经，人本身不会有感觉，因此坐多久都不会累！

到了目的地，神奇椅会响起一段铃声，自动出现所在地的各种好吃，好玩的地方。你会想，去一个地方，抱着个椅子在大街上走，不是有毛病吗？所以我特地在椅子后面装了一个按键，一按按钮，神奇椅就变成一个手机啦！

神奇椅不错吧！

53 淡定人生

　　齐白石老先生有一座右铭："人誉之，一笑；人骂之，一笑。"

　　人生于天地之间，有人称赞，就一定会有人诋毁。这就像天气一样，有晴就有阴，有阳光普照，就难免阴雨绵绵。这道理也许人人都懂，但真正像齐白石先生那样微微一笑，的确很不容易。

　　如果能够做到"人骂之，一笑。"那就更是了不得。有一段时期，释迦牟尼经常遭到一个人的嫉妒和谩骂。对此，他并没有恶语相向，也没与这个人展开针锋相对的斗争。他心平气和，一笑了之。

　　直到有一天，这个人终于骂累了，释迦牟尼才微笑着问他："我的朋友，当一个人送东西给别人，别人不接受时，那么这个东西属于谁呢？"这个人不假思索地答道："当然是属于送东西的人——自己了。"

释迦牟尼又问："那么谩骂又属于谁呢？"这个人闻听此言，一时语塞。从此，他再也不敢谩骂释迦牟尼了。只是他一直想不明白，释迦牟尼怎么会有这么好的气度与修养。

面对突如其来的诽谤和指责，释迦牟尼不为所动，表现出了少有的冷静与清醒。他不理睬，也不还击，不给对方可乘之机，而是以他慈悲宽大的胸怀，让指责无处落脚，将谩骂化解于无形。让对方最终自惭形秽，败下阵来，而且，搬起石头砸了自己的脚。

面对无聊的诽谤与谩骂，不理睬，就是最有力的还击。

1.世界上有三样东西要等好久好久才能来：生日、圣诞节……和谈比萨的人。

2.巧克力的问题在于吃完了就没有了。

109

54 不同的海

巴勒斯坦有两片海洋。

约旦河从山坡上流下，溅起银色的水花，汇入这片海洋。它在阳光下欢笑。

它是一片活水，波光粼粼，鱼儿欢跳，沿岸绿意盎然。树木在它上面伸长枝干，又伸出饥渴的根须，啜饮它那能滋养生灵的水分。人们在海边建起房屋，小鸟在树上筑巢。由于这一片海，每一种生命都更加快乐。

这是加里利海。

约旦河往南流，有另一片海洋。

这里没有鱼儿游动，没有树影婆娑，没有小鸟歌唱，也没有儿童嬉笑。这里的空气沉滞地浮在水面，没有任何人或飞禽走兽会喝下它的水。

它的名字叫死海。

是什么原因让这两片海洋产生天壤之别？不是约旦河——它把同样美好的河水灌注到两者身上；也不是它躺卧的土壤，更不是四周的乡野。

差别就在这里。加里利海接受了约旦河的水，却不把河水留下来。于是流进它的每一滴河水，最后又都无私地流了出去。这片海洋的付出与接受的数量一样多。

死海则过于精明，它充满嫉妒心，把得到的河水都储藏起来，慷慨的流动也引诱不了它。得到的每一滴水，它都纳为己有。

加里利海又接受，又付出，所以生机勃发，活力四射。死海却贪婪自私，吝于付出，最终死气沉沉，腐朽不堪。

世界上有两种人，巴勒斯坦有两片海。

闪亮之星

　　同学们，平时你经常阅读一些优美的文章吗？阅读是语文学习的重要内容，强调从整体上把握文本内容，理清思路，概括要点，理解文本所表达的思想、观点和情感。这一能力要求体现出阅读中"综合——分析——综合"的基本思路。

　　明白了这些之后，你就和同学们比一比谁的阅读能力更强吧。别忘了评出一个阅读"闪亮之星"哦。

55 蜥蜴男孩

"你知道蜥蜴断尾保命后是怎么长出新尾巴的吗？那可有两种方法呢。"汤姆停下来，看了看我的反应，又说道，"蜥蜴会在五天左右长出一条新尾巴。至于断尾么，也会长出一条新蜥蜴。"

我们正在他房间的桌子旁，瞪着一条已经不再蠕动的蜥蜴尾巴。

我忽然说："我们把它养起来吧，让它长出一条新蜥蜴。""好吧，"他说，"就这么办吧，不过得在你家里养。"

我们把尾巴放在废弃的酸奶盒里，把它带去我家。暑假来了，我起床后做的第一件事情就是量一量蜥蜴尾巴的长度，入睡前再量一次。日子一天天过去了，但一无所获。

整整五个星期过去了，蜥蜴尾巴已经萎缩了。

开学第一天，我走进教室，乔治跟我说："汤姆告诉我，他跟你说蜥蜴尾巴能长出新蜥蜴，你相信了他。"我看看乔治，他冲我一脸戏谑的笑，"他说你应该换个名字，改叫蜥蜴男孩。"

吃午饭时，事情变得更糟糕了，大卫、罗伯特、简他们都冲我叫"蜥蜴男孩"。我没吃饭就直接走到门口的大树底下坐着。

没一会儿，我看见汤姆出来了。我说："你是个骗子。你害怕我会告诉别人，所以你抢先一步四处乱说，让别人以为都是我的错！"我和汤姆在操场上扭成一团。

　　忽然有人高喊："老师来啦！"我们两个都仰面躺着，脖子扭向一边，看着老师越来越近。汤姆忽然推我的胳膊肘，示意我看围墙。那里居然停着一只蜥蜴。我看看汤姆，他笑了，我也笑了，我们两个躺在操场上，笑到肚子疼。老师走到我们身边，努力想要保持凶巴巴的样子，最后他忍不住笑出声来。

　　回家的路上，忽然汤姆停住了脚步，地上有一条干蛇皮。"蛇皮很贵的。要是我们能抓到一条蛇，我们就能收集它的皮，然后去卖了。"

　　我摇摇头说："卖蛇皮不好，我们起码得花一年的时间，才攒得够做一个钱包的蛇皮。"

　　那条蜥蜴已经在我们之间待得太久，我们决定把它赶走。现在，我们开始说蛇的事情，并且，又成为了好朋友。

56 松鼠有错吗

　　有一个农场主，他引以为傲的是他家那棵巍然挺立的遮荫树，树干高大、挺拔，远远望去，既像一个顶天立地的巨人，又像一位高大威猛的忠实卫士，守护着农场主的家园。

　　每一个首次到农场来的人都无一例外地先惊叹一声，然后再由衷地赞美个不停，而农场主总是不厌其烦地向来人介绍这棵树的不同凡响之处。

　　然而，某一天早上，这一切都改变了。农场主正在菜地里忙活，突然间，一只松鼠从他身边掠过，并飞快地爬上遮荫大树不见了。农场主非常纳闷：松鼠跑到哪里去了呢？树上不会有洞吧？

　　心中巨大的疑惑促使农场主停下了手中的活儿，来到大树前，仔细查看起来。这一查不当紧，结果大大出乎他的预料，这棵带给他荣耀和自豪、外观高大强壮的大树，不仅存在着松鼠栖身的小洞，而且从上到下，完完全全地空了，只是靠外表薄薄一层还算结实的木材勉强支撑着自身的体重。"天哪，我该怎么办？"矛盾而复杂的心理折磨着农场主，令他痛苦不堪，"如果砍掉这棵树，我的荣耀、我的自豪将永远地离我而去，我的面子也必将受到严重影响；如果留下这棵树，一阵强风，它或许就会倒下，我的家人和房子时刻处在高度危险之中。"

最后，农场主怒不可遏地说道："都怪那只该死的松鼠！我如果没有看到过它，该有多好啊！"

嘿，听我说

标题用反问的语气，能使全文更为有力，感情色彩更为鲜明。不仅对故事中农场主错误的做法表现得更加鲜明，而且能提醒读者用思考的态度去读这篇文章。

57 离太阳最近的树

　　这是世界的第三级，平均海拔5000米，冰峰林立，雪原寂寥。不知是神灵的佑护还是大自然的疏忽，在荒漠的褶皱里，有时会不可思议地生存着一片红柳丛。它们有着铁一样锈红的枝干、风羽般纷披的碎叶，偶尔会开出穗样细密的花，对着高原的酷热和缺氧微笑。这高原的精灵，是离太阳最近的绿树，百年才能长成小小的一蓬。

　　一天，司务长布置任务——全体打柴去！我以为自己听错了，高原之上，哪里有柴？原来是驱车上百公里，把红柳挖出来，当柴火烧。我大惊，说红柳挖了，高原上仅有的树不就绝了吗？司务长回答，你要吃饭，对不对？饭要烧熟，对不对？烧熟要用柴火，对不对？柴火就是红柳，对不对？

　　我说，红柳不是柴火，它是活的，它有生命。做饭可以用汽油，可以用焦炭，为什么要用高原上唯一的绿色！

　　司务长说，拉一车汽油上山，路上就要耗掉两车汽油。焦炭运上来，一斤的价钱等于六斤白面。红柳是不要钱的，你算算这个账吧！

　　挖红柳的队伍，带着铁锨、镐头和斧，浩浩荡荡地出发了。

　　红柳通常都是长在沙丘上的。一座结实的沙丘顶上，昂

然立着一株
红柳。
它的根
像巨大
章鱼的
无数脚爪，缠
附到沙丘逶迤的边
缘。

我很奇怪，红柳为什么不找个背风的地方猫着呢？生存中也好少些艰辛。老兵说，你本末倒置了，不是红柳长在沙丘上，是因有了这红柳，才固住了流沙。随着红柳渐渐长大，被固住的流沙越来越多，最后便聚成了一座沙山。红柳的根有多广，那沙山就有多大。啊，红柳如同冰山。露在沙上的部分只有十分之一，伟大的力量埋在地下。

红柳的枝叶算不得好柴薪，真正顽强的是红柳强大的根系，它们与沙子黏结得如同钢筋混凝土。一旦燃烧起来，持续而稳定地吐出熊熊的热量，好像把千万年来从太阳那里索得的光芒，压缩后爆裂开来。金红的火焰中，每一块红柳根，都弥久地维持着盘根错节的形状，好像傲然不屈的英魂。

有时深夜，我会突然想起那些高原上的原住民，它们的魂魄，如今栖息在何处云端？会想到那些曾经被固住的黄沙，是否已飘撒到世界各处？

58 耳朵出逃

娜娜做了个奇怪的梦，梦见自己的两只耳朵在说话。然后，它们从娜娜的黑发下面飞走了。娜娜赶紧去追它们，可是怎么也追不上。

娜娜吓得睁开眼，太阳已经升得老高。四周格外的静。娜娜感觉两腮后上方凉飕飕的，她恐惧地把手伸过去，两只耳朵真的不知道上哪儿玩去了！

"妈妈……"娜娜吓得哭了起来，但是妈妈没有进来。

娜娜打开门，爸爸妈妈在客厅的沙发上对坐着，愁眉苦脸。娜娜一看，唉呀，爸爸妈妈的耳朵也不见了。

纽约市所有市民的耳朵都不见了。

原来，城市实在太闹了，耳朵们忍无可忍，集体出逃了。

耳朵们都往森林飞去了，它们在森林边的小溪里痛痛快快地洗了个澡，将城市里的污浊洗了个一干二净，以便去欣赏原汁原味的大自然的声音。

没有耳朵，纽约市的市民觉得极不方便。因此，警察、全体市民全部行动起来了要去森林寻找耳朵。耳朵们被逼到了森林边的一个火山口上，它们紧紧相拥在一起。

"开火！"长官下了命令。没有一支枪的枪口射出子弹，谁愿意伤害自己的耳朵啊？这时，远方飘来悠扬的笛声。那笛声是一种天籁的声音，耳朵们听着听着，忘了眼前的险境，情不自禁地跳起舞来。"扑啦啦——"所有的耳朵在阳光下飞翔起来，飞向了纽约市。是城市里一个盲姑娘的笛声吸引了它们。

一位音乐出版商将盲姑娘的笛声录下来，制成精美的音乐带，取名《盲姑娘的梦》，出售给全市的市民。从此，纽约市的每一个角落，都能听见盲姑娘悠扬的笛声。耳朵们和它们的主人和好了。

纽约市的噪音在此之后降低到了最低限度，甚至连汽车的喇叭声，都是优美动听的萨克斯小调。市长还专门请人为他的嗓子动了手术，换了副歌唱家的金嗓子。

最近，我问娜娜纽约市的情况。娜娜说大街小巷到处贴满了不堪入目的广告。据有关人士预测，纽约市市民们的眼睛最近可能要策划一场出逃。

59 金币的启发

不要期望生活中随便一个人就能发现你的真正价值，关键是要相信自己！

一个年轻人对智者说："老师，我觉得自己什么事也干不好。没有人看重我，我该怎么办呢？"

智者说："孩子，我很同情你的遭遇，但我现在不能帮你，因为我必须先处理好自己的问题。"

智者停顿了一会儿又说："如果你愿意帮助我，我就可以处理好问题，也许就能帮你了。"

"好吧。"年轻人犹豫了一会儿说。

于是智者坐下来，从手指上脱下一枚戒指交给年轻人，说："你到集市上把这枚戒指卖了，因为我需要钱还债。换回的钱越多越好，但无论如何不能少于1个金币。"

年轻人到了集市。但是，集市上的人听到戒指的最低价不能少于1个金币后，不是哈哈大笑，就是说年轻人头脑发昏，只有一位慈祥的老太太告诉他要价太高了。年轻人穿过集市，到处兜售戒指，但没人肯出1个金币。最后他垂头丧气地回来了。

年轻人说："老师，对不起，我没能达到您的要求。也许我可以卖到2个或3个银币，但我觉得那不应该是这枚戒指的真正价

值。"

　　"孩子，你说得太对了。"智者笑着说，"你再去一趟珠宝店，没人能比珠宝商更清楚它的价值了。你跟珠宝商说我要把戒指卖掉，问他能出多少钱，但不要真的把戒指卖给他，问完价格后你再把戒指带回来。"

　　年轻人到了珠宝店。珠宝商仔细看了看戒指后说："告诉您老师，如果他想卖戒指，我最多可以给他58个金币。"

　　"58个金币！"年轻人惊呼。

　　"对！"珠宝商说，"如果不着急的话，我可以出70个金币，可是如果您着急脱手……"

　　年轻人兴奋地跑回去，将发生的一切告诉智者。智者说："你就像这枚戒指，珍贵、独一无二，只有专家才能真正判定你的价值。你怎么能期望生活中随便一个人就能发现你的真正价值呢？关键是要相信自己！"

60 心灵之桥

听，不知是谁在悄悄告诉我，那声音轻轻的，细细的，柔柔的，她说：七岁那年，发生了许多故事……

窗外下着毛毛小雨。我被一道题难住了。唉！该怎么解呢？我坐不住了，便朝雨里走去。

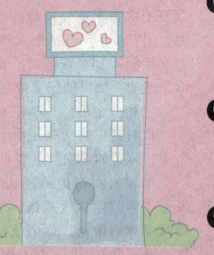

在通往山间的小路上，我遇到了一个大约七岁的小男孩，他蹲在一滩积满了雨水的水潭边，小雨不停地落在他的身上，头发上不断地滴着雨水，他好像什么也没感觉到似的。

"小弟弟，你在干什么呀？"我疑惑地问。

"造桥呗。"他连头也不抬，只将手中的小木头往水塘里排列开去。

"造啥桥呀？"我好奇地又问了一句。

"造大桥。"他边回答边将一块比较大的木头往已造好"桥墩"上放去。

"哦，'大桥'造好啦！大家可以过桥了！"小男孩高兴得跳了起来。突然，"啪"的一声，一脚踩得泥浆水溅了开去，"大桥"倒塌了。

男孩抓了抓头皮，不声不响地蹲了下去，心疼地捡起木块，重新搭起桥来，嘴里还嘟囔着："这个木头桥不好，我长大了要造座又大又牢的桥。"

我被眼前这一切感动了：木头桥虽然没有搭成，可是男孩心里已经建起了一座理想之桥……他那种坚持不懈、刻苦学"造桥"的精神深深地感动了我。我不禁自问：难道我就不能像他一样，去解开难题吗？

我转身朝回家的小路走去。离小水塘越来越远了，可当我回过头来，透过蒙蒙雨帘，隐隐约约还能够看见小男孩在认真地造着"大桥"呢！

是啊，每一个人都应该在心灵里建起一座理想之桥！

61 托尔斯泰的宽容

世界上最宽阔的是海洋，比海洋更宽阔的是天空，比天空更宽阔的是人的胸怀。

托尔斯泰虽然很有名，又出身贵族，却喜欢和平民百姓在一起，他从不摆大作家的架子。

一次，他长途旅行时，路过一个小火车站。他想到车站里走走，便来到月台上。

这时，一列客车正要开动，汽笛已经拉响了。

托尔斯泰正在月台上慢慢走着，忽然，一位女士从列车车窗冲他直喊："老头儿！老头儿！快替我到候车室把我的手提包取来，我忘记提过来了。"原来，这位女士见托尔斯泰衣着简朴，还沾了不少尘土，把他当做车站的搬运工了。

托尔斯泰急忙跑进候车室拿来提包，递给了这位女士。

女士感激地说："谢谢啦！"随手递给托尔斯泰一枚硬币，"这是赏给你的。"

托尔斯泰接过硬币，瞧了瞧，便把它装进了口袋。

正巧，女士身边有位旅客认出了这个风尘仆仆的"搬运工"，就大声对女士叫道："太太，您知道您赏

钱给谁了吗？他就是列夫·托尔斯泰呀！"

"啊！老天爷呀！"女士惊呼起来，"我这是在干什么呀！"

她对托尔斯泰急切地解释说："托尔斯泰先生！托尔斯泰先生！看在上帝的面上，请您别计较！请把硬币还给我吧，我怎么会给您小费，多不好意思！我这是干出什么事来啦。"

"太太，您干嘛这么激动？"托尔斯泰平静地说，"您又没做什么错事！这个硬币是我挣来的，我得收下。"

汽笛再次长鸣，列车缓缓开动，带走了那位惶惑不安的女士。

托尔斯泰微笑着，目送列车远去，又继续他的旅行了。

嘿，听我说

在这个故事中，作者并没有去写托尔斯泰的伟大成就，而是通过一件微不足道的小事来表现出这位伟人的不平凡之处。这样显得更为生动、真实。

62 春节，那个不回家的人

春节到了，姑姑带着她全家来串门了。总算熬到十一点半，我卷着一大堆烟花爆竹跑下楼来，爸爸和姑父不紧不慢地跟着我。把鞭炮摊开来，我不敢点，那两个大男人满口说着"包在我身上"，却小心翼翼缩手缩脚又捂着耳朵点一下就跑出老远。鞭炮终于还是被点着了，声音大得吓人，我们都死死堵住耳朵离得远远的，生怕崩到自己，满天的烟花和满地的鞭炮把院子照得恍若白昼。就在这闪闪烁烁的光亮中，我看见了一个人。那是一个中年妇女，衣着寒酸，年龄大概在四五十岁之间，她佝偻着身子，于一地红艳艳的鞭炮碎屑中寻找人们丢掉的纸箱。这很正常，但唯一不正常的是这时间，这可是大年夜，将近十二点钟啊！她却在这冷风中，在这刺眼的光亮与震耳的响声中，什么保护措施也没有甚至也不捂耳朵，用皲裂的手捡纸箱。她表情苍凉，时不时抬头，仰望这个繁华城市上空的七彩烟花，她一定在想家吧。我目不转睛地看着

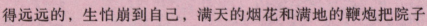

她，她四下望望，发现了我脚边的纸箱，于是匆匆过来，在一片喧闹中问我："小姐，这纸箱要吗？"我没听清，爆竹声音实在太大了，她又重复一遍后，我忙说："不要了，你拿去吧。"她连道几声"谢谢"，拿着纸箱走远了，我看着她渐远的、佝偻的身影，心中感慨万千。

回到家中，我重新环视了我的温暖的美好的家，觉得我是世界上最幸福的人——我有温暖的家，我有爱我的家人。不用在除夕夜卑躬屈膝地问人要纸箱，我对生活充满了感激。我又开始想象那个女人的家，那应该是一个像《平凡的世界》中孙家窑洞一样挤满了人的家吧，或是在拆迁的楼里，残垣断壁，破旧的家具，摇摇欲坠的危楼里只有几只绿眼睛的野猫与她做伴，常过着有了上顿没下顿的生活，苦难使她早已忘记幸福的感觉，春节的夜晚，她拖着生病的身体捡废品卖钱维持生活，我发誓我此刻的感情不是怜悯，而是心疼。

在衣食无忧中，在家的温暖中，在家人的关爱中，我们几乎忘记了这类人的存在，他们卑微但顽强，贫穷但善良，痛苦但执著。

63 人的心里有根刺

小鸟问父亲："世界上最高级的生灵是什么？是我们鸟类吗？"老鸟答道："不，是人类。"小鸟又问："他们比我们活得幸福吗？"老鸟说："远不如我们生活得幸福。""为什么他们不如我们幸福？"小鸟不解地问父亲。老鸟答道："因为在人类心中生长着一根刺，叫做贪婪。"

小鸟又问："贪婪是什么意思？""你想亲眼见识见识吗，孩子？"

小鸟点点头，忽然有个人走了过来。

老鸟飞离小鸟，落到来人身边，那人伸手便抓住了它，乐不可支地说道："我要把你宰掉，吃你的肉！"老鸟说道："我的肉这么少，够填饱你的肚子吗？"那人说："肉虽然少，却鲜美可口。"

老鸟说"我可以送你远比我的肉更有用的东西，那是三句至理名言，假如你学到手，便会发大财。"那人急不可耐："快告诉我，这三句名言是什么？"

老鸟徐徐说

道："我可以告诉你，但是有个条件：我在你手中先告诉你第一句名言，待你放开我，便告诉你第二句名言，等到我飞到树上后，才会告诉你第三句名言。"

那人马上答道："我答应你的条件，快告诉我第一句名言吧。"

老鸟说道："第一句名言便是：莫惋惜已经失去的东西！根据我们的条件，现在请你放开我。"那人便放开了老鸟。"这第二句名言便是：莫相信不可能存在的事情。"说罢，它边叫边振翅飞上了树梢，"你真是个大傻瓜，如果刚才把我宰掉，你便会从我腹中取出一颗重量达120克、价值连城的大宝石。"

那人闻听，懊悔不已，把嘴唇都咬出了血，他望着树上的鸟，仍惦记着他们方才谈妥的条件，便又说道："请你快把第三句名言告诉我！"

狡猾的老鸟讥笑他说："贪婪的人啊，你的贪婪之心遮住了你的双眼。既然你忘记了前两句名言，告诉你第三句又有何益？难道我没有告诉你莫惋惜已经失去的东西，莫相信不可能存在的事情吗？你想想，我浑身的骨肉翅加起来还不足100克，腹中怎么可能有一颗超过120克的大宝石呢？"

那人闻听此言，顿时目瞪口呆。

64 幸福如青鸟

从前，一个小王子出发寻找幸福。大巫师告诉他："幸福是一只青色的鸟，有着世界上最美妙清脆的歌喉，找到了之后得马上把它关进黄金做成的笼子里，这样，你就可以得到你想要的幸福。"

小王子带了一个黄金笼子上路。一路上他抓过不少青色的鸟，但是总在放进黄金鸟笼后，鸟便不知为何很快就死去了。他知道，那不是他所要寻找的幸福。

后来，黄金笼有些旧了，小王子也不再年轻。忆起远方的双亲，小王子回到自己的王国，才发现人事已非。国王和王后早在他离去后没多久，就因为过度的悲伤及思念而相继过世。

小王子落寞地走在荒凉的街头，忽然有人拉住他的衣角，那是一个发鬓斑白的老人。"大巫师！"小王子认出了他。"王子，我对不起你，当初不应该鼓励你去找寻青鸟。"老人哽咽地说着，从口袋里掏出了一件物品，"这是国王及王后临终前要我交给你的东西，希望你好好珍藏。"

小王子一看，原来那是国王为幼时的自己雕的一只黄莺。小王子把木鸟紧紧地抱在胸前，十分懊悔。突然，怀里的木鸟动了动，叫出了声音，小王子一呆，一不注意，就让黄莺给飞走了。那是幸福的青鸟，而他却来不及将它放进黄金笼。

幸福到底是什么？幸福的青鸟到底在哪里？有人曾经向一位贤哲请教什么是幸福，哲人说：走得动，吃得下，睡得香。而当代英国爱尔兰著名《圣经》注释学家巴克莱博士曾指出：幸福的生活有三个不可缺少的因素：一是有希望，二是有事做，三是能爱人。

幸福很简单，然而现实生活中的大多数人身在福中不知福，偏要像那位小王子一样，放弃身边的幸福，去寻找一个不存在的假象。其实，幸福就像一只青鸟，它会轻轻地停落在每个人的肩膀上，只是有些人没有看到它，甚至吓跑了它。幸福其实不在远处，它就在你的身边，你的手上，只要你有一颗细腻温柔、易感动且善于发现的心。

65 感激

　　有一个富翁，年纪大了，他知道自己将不久于人世。

　　他回顾一生，想想有什么未了之事，忽然想到在保险柜里，还有很多亲戚朋友的借据。这些钱已经借出多年，那些亲友依然贫困。

　　为让子孙避免日后的困扰，富翁决定在临终前，自己处理这批债务。

　　他约集了所有欠债的亲友，自己倚在床边的靠背上，床前摆着取暖的炭炉，炉火烧得正旺。

　　富翁手拿大叠借据，对欠债的亲友说："我自知时日不多，也知道你们没有能力偿还欠我的钱。为了避免困扰，今天，你们只要真心说一句感激的话，我就把借据当面烧掉，从此两不相欠。"

　　从欠债最少的开始，第一个人说："来世我愿做您的仆人，为您打扫庭院。"

　　富翁将那个人的借据放在炭炉里烧了。

　　接着，有人说："来世我将变鸡变狗，为您日夜守候。"

　　富翁微笑着将那人的借据烧了。

　　还有人说："来世我将做牛做马，为您耕田拉车。"

富翁含笑，把一张借据烧了。

又有人说："来世我愿做您的儿孙，永远孝顺您。"

富翁开怀大笑，烧了借据。

他们一一说出内心感激的话，富翁也感到满意。到了最后，只剩下一个欠债最多的人，他诚惶诚恐地上前说："来世，我一定要做您的爸爸。"

富翁听了非常生气，反问他："你为什么不感谢我，反而骂我呢？"

"老爷，您有所不知，这世间一切的债都有还清之日，只有儿女的债是永远还不清的呀。" 那个人说道。

富翁笑了，烧掉最后一张借据，在床上安然而逝。

快乐嘎崩逗

胡适经常到大学里去演讲。他常引用孔子、孟子、孙中山先生的话。引用时，他就在黑板上写孔说，孟说，孙说。最后，他发表自己的意见时，竟引起哄堂大笑，原来他写的是：胡说。

66 玉兰树的话

　　校园里长着几棵玉兰树，随着时间的流逝，它们一天天的长大，一年比一年挺拔威武，树杈上长满茂密的叶子，葱葱茏茏。每当烈日炎炎的时候，它们就以自己浓密的树荫为大家遮挡阳光。而在阴雨连绵的日子里，它们又撑起茂密的树冠，为大家抵挡雨水。春去秋来，年复一年，它们始终忠实地履行自己的职责，毫无怨言。

　　春末夏初时节，玉兰花含苞欲放，巨大的树冠上缀满了洁白无暇的花骨朵儿，就像一支支大斗笔悬挂在树上。当玉兰花盛开时，又像一只只白蝴蝶，展翅欲飞。花瓣像一把舀满香料的大勺子，散发出淡雅的清香，在校园飘开，令人神清气爽。校园里的树木不仅为师生们带来了许多方便，也美化了校园的环境。大家对这些树木所作出的贡献赞不绝口。面对大家的赞美声，有些树木开始骄傲起来，目中无人，自高自大。玉兰树众兄弟见此情景，内心十分着急，于是对大家好言相劝："大家千万不要骄傲自大，我们只有团结一致，才能把事情做得更好。"可是其他树木听惯了人们的赞

美，早已飘飘然。对于玉兰树的忠言，一点儿也听不进去，芒果树甚至轻蔑地对玉兰树说："我的树冠最大，功劳自然最大，你们别不自量力了，你们有什么资格教训我！"其他树木听了也不服气，你一言、我一语地争论开了："你算老几啊，敢自立为王。""你凭什么呵斥我们。"……争吵声此起彼伏。最后，大家闹翻了脸，互不理睬。

　　这一年夏天，一场罕见的强台风袭来，玉兰树兄弟一看不妙，连忙招呼大家："龙眼树大哥、芒果树二哥、梧桐树小妹……各位兄弟姐妹们，大家不要再赌气了。现在情况危急，我们必须团结一致，齐心协力，才能战胜台风。"面对玉兰树的大声疾呼，其他树还是谁也不服谁，任凭玉兰树喊哑了嗓子，它们还是我行我素，互不搭理。无奈，玉兰树众兄弟只好自己手牵手，肩并肩，连成一片，与台风搏斗……

　　台风终于过去了，可校园里的树木却被台风刮得残缺不全，有的损肢断臂，有的拦腰折断，有的甚至被连根拔起……伤亡十分惨重。唯有玉兰树安然无恙，昂首挺立。那些往日不可一世的树木，看到眼前的情景，不禁发出了出自内心的感慨："真后悔啊，如果我们当初听了玉兰树的话，现在也不会变成这副模样。

　　真是忠言逆耳啊！今后我们一定要记住这个惨痛的教训，记住玉兰树的话，团结一致力量大！"。

67 缺陷与完美

国王有七个女儿，这七位漂亮的公主是国王的骄傲。

她们那一头乌黑亮丽的长发远近皆知，所以国王送给她们每人一百个漂亮的发夹。

有一天早上，大公主醒来，一如往常地用发夹整理她的秀发，却发现少了一个发夹，于是她偷偷地到了二公主的房里，拿走了一个发夹。二公主发现少了一个发夹，便到三公主房里拿走一个发夹；三公主发现少了一个发夹，也偷偷地拿走四公主的一个发夹；四公主如法炮制拿走了五公主的发夹；五公主一样拿走六公主的发夹；六公主只好拿走七公主的发夹。

于是，七公主的发夹只剩下九十九个。

隔天，邻国英俊的王子忽然来到皇宫，他对国王说："昨天我养的百灵鸟叼回了一个发夹，我想这一定是属于公主们的，而这也真是一种奇妙的缘分，不晓得是哪位公主掉了发夹？"

公主们听到了这件事，都在心里想说："是我掉的，是我掉的。"

可是头上明明完整的别着一百个发夹，所以都懊恼得很，却说不出。只有七公主走出来说："我掉了一个发夹。"话才说完，一头漂亮的长发因为少了一个发夹，全部披散了下来，王子不由得看呆了。故事的结局，想当然的是王子与公主从此一起过着幸福快乐的日子。

　　为什么一有缺憾就拼命去补足？

　　一百个发夹，就像是完美圆满的人生，少了一个发夹，这个圆满就有了缺憾；但正因缺憾，未来就有了无限的转机、无限的可能性，何尝不是一件值得兴奋的事！

　　人生不可免的缺憾，你怎样面对呢？是坦然面对？接受这缺陷之美？还是执着于完美？

68 假如今天是我生命的最后一天

假如今天是我生命的最后一天。

忘记昨天，也不要痴想明天，因为明天是一个未知数；想着明天的种种，今天的时光又白白流逝了。企盼着今天早上的太阳再次升起，走在今天的路上，却不能做明天的事；我也不能把明天的钱放进今天的口袋；明日瓜熟，今日却不能摘落；明天的死亡却不能将今天的欢乐蒙上阴影。明天和昨天一样被我埋葬。

假如今天是我生命的最后一天

生命只有一次，而我们的人生就是人生的总计数。如果我让今天的时间白白流逝，就等于毁掉了人生的最后一页。因此，我要好好珍惜人生的一分一秒，因为它们将一去不复返。我无法将它们像金钱那样存入银行而明天再来取用。时间像风一样不可捕捉。每一分一秒，我都要用双手捧着，用爱心抚摸，因为它们是如此的珍贵。垂死的人用每个毕生的钱财都无法换得一口可以是他们生存的气，我无法计算时间的价值，想计算也计算不了，因为它们是无价之宝！

假如今天是我生命中的最后一天。

今日事今日毕。我要将我的人生中未做完的事一次性做完。如果今天是我的末日，那么它一定是不朽的纪

念日。我把它当成最美好的日子。我要把时间的一分一秒化为最甜美的回忆。我要我今天的每一分一秒都活得有价值，有意义。

不知不觉中，我已度完生命中的最后1/4。上午，我去做一些以前想做却不敢做的事。比如献血。

下午，好好的陪家人吃完我那最后的晚餐，陪他们尽情地聊天。然后回到书房，写下我最后一封信——遗言。将所有家事都交代清楚后。写出自己最后的请求。将我的双眼捐给某个盲人。让他也看看这美丽的世界，这五彩缤纷的世界。这我即将离开的世界。让他真正体验到生活的乐趣。让他走出黑暗，走进我撒下的阳光中，让他快乐的活着。好好的活着。

遗言写好后，还有几个小时，我来到天台，我看着那天空为我准备的流星。我许下最后的愿望：请让我继续活着。但我知道这已经是不可能的了。但我真的不想去死。我热爱生活，热爱生命。回到书房，我拿着信，安详地躺到睡椅上……

139

69 我想当马小跳

　　自从读了杨红樱阿姨写的《淘气包马小跳》这套书后，我就一直在想如果我就是马小跳，和他一样无忧无虑该多好。

　　马小跳是一个调皮、率直、敢说敢做的男子汉。他呀！总有闹不完的笑话。因此，这套书里的人物，我最喜欢的就是他了。我真的太想变成他了。听我这么说，你一定会笑话我：呵呵！女生想当男生，羞！羞！羞！其实，当男生有什么不好？更何况是当马小跳这样的想做什么就能做什么的男生呢？

　　我想当马小跳，因为他自由自在，不受任何的束缚，不用学那没完没了的功课。我就不一样了，平常就不用说了，英语、语文、数学……将我的时间塞得满满的，好不容易放了个寒假，还要被爸爸、妈妈逼着学完奥数学英语，学完英语学书法……那日子比上学还要苦，如果我是马小跳就不一样了。马小跳的爸爸马天笑先生可是一个天下第一的好爸爸！这个爸爸不仅自己本身是个玩具大师，理解孩子的心理，而且还经常开着自制的小车去兜风。他最大的好处就是决不会逼马小跳去做自己不愿意做的事。我当他儿子（女儿

也行呀），那还不是冲出牢笼的鸟，要多快活就有多快活。

我想当马小跳，因为他派头。作为一个小孩子，像他这样拥有一张能完全由自己操纵的银行卡，真的是太让人羡慕了。你瞧，他拿着那卡往银行的取款机里一插，别管钱多钱少了，那派头就够让我嫉妒的了。哎！这马小跳真幸福，去公园、肯德鸡……全能自己做主，可我呢？虽说也凭着自己的不懈努力也享有了拥有属于自己的零花钱的"特权"。可每当我要实行自己的特权的时候，不是妈妈睁大了眼，就是爸爸皱起了眉。总之，有钱不能花，跟没钱一样。你说可怜不可怜。

我想当马小跳，因为他敢爱敢恨，从不说违心话。上次记者到马小跳学校里去做调查，全校只有马小跳说了真心话。不仅如此，秦老师让他们每天挂心情牌，也只有马小跳是实事求是，对待他喜欢的林老师，他不仅敢爱，还做出了介绍她给舅舅当女朋友的壮举，真是令我佩服不已。我也是一个率直的人，平常在班上就总是想到什么说什么，为此妈妈老批评我，说这样不好，我真不明白，这有什么不好，为什么马小跳可以这样，我就不能。

我想当马小跳，因为他有太多的令我羡慕的地方，也因为他有太多让我想当他的理由。我想杨红樱阿姨一定是我肚子里的蛔虫，不然怎么刻画出了马小跳这样的男孩。

我想当马小跳。

70 母爱是一本书

母爱是一本书，一本美好而特别的书，母亲不是用笔，而是用心在娓娓道来……

她的父亲去世早，母亲又下岗了。生活很困难。但是，每年过生日时给她买一本书的传统还是保留着。这一天又是她的生日，正巧小区门前有特价书销售。她说，妈妈，就在这儿买吧。可是回家后看了一会，她就哭了，因为书中一篇精彩的童话，竟然缺了几页，故事只有开头，没有内容。

母亲带着书去换，可是卖书的人早已走了。怎么办？母亲提议：你可以试试自己编好这个童话，说不定你的作品比原来的还要精彩。于是，她勇敢地接力这个童话。当她写完最后一字，读给母亲听时，母亲的笑容告诉她：原来，她也可以这么棒。

这个生日，母亲教会她认识了两个字：信心。

他是一个成绩很一般的学生，尤其是和他的同桌相比。同桌是年级第一名的纪录保持者，而他每每想考第一，却总是在20名之后。

母亲知道他很努力，而且一直在进步，但想一下子超过同桌，并不容易。

暑假里，母亲带他去旅行，就是在这次旅行里，母亲回答了他的问题。母亲指着沙滩上的鸟儿说："你看，当海浪打来时，小灰雀总能迅速地飞到天空，而海鸥，却起飞得那么笨拙，屡屡被海浪打湿翅膀。但你知道吗？能够坚持到底，最终飞越大海的还是它们。"

在海边，母亲让他懂得这样一个词：坚持。

瞧，母爱就是这样一本书，一本我们永远读不完、读不厌的书。在翻动的书页里，我们在一点点长大，母亲在一天天变老，但唯一不变的，是这本"母爱书"的温暖与力量。

让我们汲取"母爱书"的营养，并且，在书的扉页上郑重地写下：谁言寸草心，报得三春晖？

闪亮之星

当你在课后休息的时候，当你不知道该怎么样去写作文的时候，会怎么办呢？阅读了这么多的文章，相信你的阅读能力肯定有很大的提升，现在就组织一个阅读知识竞赛，让老师帮忙评选出"闪亮杯"最棒的阅读之星。

图书在版编目(CIP)数据

阅读能力大激发:全 2 册/孟凡丽,袁毅编著. 一武汉:武汉大学出版社,2012.3(2015.4 重印)

(中国学生智力开发必读书:彩图版)

ISBN 978 - 7 - 307 - 09570 - 0

Ⅰ.阅… Ⅱ.①孟… ②袁… Ⅲ.文学 - 作品综合集 - 世界 Ⅳ.I11

中国版本图书馆 CIP 数据核字(2012)第 036247 号

责任编辑:武　彪　　责任校对:杨春霞　　版式设计:文畅智悦

出版发行:武汉大学出版社　　(430072　武昌　珞珈山)

(电子邮件:cbs22@ whu. edu. cn 网址:www. wdp. whu. edu. cn)

印刷:三河市燕春印务有限公司

开本:710×1000　1/16　　印张:9　　字数:40 千字

版次:2012 年 3 月第 1 版　2015 年 4 月第 2 次印刷

ISBN 978 - 7 - 307 - 09570 - 0　定价:59. 60 元(全 2 册)

阅读能力大激发

下

总策划／孟凡丽　　主编／袁毅

Wuhan University Press
武汉大学出版社

推荐序

　　什么是智力？说穿了就是人适应环境的一种潜能。人类之所以能够生存，就是因为人有能够根据环境不断改造自己、探索世界未知数、解决生活中面临的问题的能力。

　　所以，智力不只是表现在读、写、算等技能方面，还包括解决其他各种问题的能力、与其他人友好相处的能力等方面。

　　目前，社会上普遍存在重知识轻能力的现象，过分重视读、写、算，而忽视实践能力的培养。我相信，不少中小学学生都有不许玩游戏，被家长逼着记忆一个个生字生词的回忆，这其实妨碍了中小学学生的正常发展，影响他们社会性的发展。这个问题怎么解决呢？

　　当"中国学生智力开发必读书"这套书出现在我眼前的时候，我知道，我找到了答案！

　　这套书分为12册，形式可谓包罗万象，有供头脑训练的思维游戏、有供阅读欣赏的小故事、有供动手的魔术和手工、有供户外活动的团体游戏……每册都针对了一种能力进行培养，这些能力正是中小学学生学习、竞争的基础，让他们在游戏中潜移默化地提升自己的能力，岂不是一举两得？！

　　衷心希望所有的中小学学生们在这套书的陪伴下，开始对自己的智力进行源源不断的开发。

审定序

真正的智力开发，是针对中小学学生的年龄特点，按照规律，通过环境和教育的作用，使他们圆满地完成这一年龄阶段的发展任务，在智能、性格诸方面协调发展，成为有较高的认识能力和健康人格的社会成员。

"中国学生智力开发必读书"正是真正从中小学学生的年龄特点出发，为他们量身打造的一套智力开发产品。

从整体上来说，这个系列分为12册，针对中小学学生们最不可或缺的10种能力，以多种形式来对他们进行培养。既包括头脑思维游戏，也包括动手创新游戏，既包括个人游戏，也包括团体游戏。可以说这套书让孩子们头脑得到全面发展！

从细节上而言，这个系列也是做得非常到位。首先，对部分比较抽象的能力进行了能力提示（"嘿，听我说"），让孩子们准确把握哪些方面能够有效提高自己的能力；最后，为家长和老师准备了能力培养提示（"大人看这里"），措施具体可行，方便操作。

快乐阅读，快乐成长，希望每个中小学学生都能在一种愉悦的状态下获得能力的提升！

CONTENTS

目录

你是别人的一棵树 ………… 8

亲爱的奶奶 ……………… 10

人的责任 ………………… 12

相信有一天 ……………… 14

五官的秘密 ……………… 16

老人的目光 ……………… 18

节俭的女王 ……………… 20

雪地见闻 ………………… 22

流星之美 ………………… 24

古诗的神韵 ……………… 26

玩的资格 ………………… 28

瞧，这一群"小贼" ……… 30

会飞的兔子 ……………… 32

钱的昨天、今天、明天… 34

放弃中的美 ……………… 36

咪咪打电话 ……………… 38

小牙齿，大道理 ………… 40

印象 ……………………… 41

打开心窗 ………………… 42

郭靖的成才路 …………… 44

美丽的心情 ……………… 47

心中有阳光 ……………… 48

爱迪生卖报纸 …………… 50

乞丐也需要努力 ………… 52

电的浪子时代 …………… 54

到韶山 …………………… 57

课还可以这样上 ………… 58

石头很快乐 ……………… 60

安放阳光 ………………… 62

喷嚏里的奥秘 …………… 64

山水之间品醉翁 ………… 66

打着伞的鱼 ……………… 68

画圈 ……………………… 70

拒绝长大 ………………… 72

最珍贵的麻花 …………… 73

男孩与男孩的拥抱 ……… 74

神奇的书 ………………… 77

与世有争 ………………… 78

会"武功"的妈妈 ………… 80

孩子的办法 ……………… 82

蚂蚁抱成团 ……………… 84

你系好鞋带了吗 ………… 85

大话追星 ………………… 88

我当"小保姆" …………… 90

我想飞 …………………… 92

狼的作用 ………………… 94

我有一个梦想 …………… 96

心中的美景 ……………… 98

小猴豆豆 ………………… 100

大灰狼和小蜜蜂 ………… 102

笑落一地花香 …………… 104

啄木鸟的呼唤 …………… 106

鸭子吓死黄鼠狼 ………… 108

向它们问好 ……………… 110

占位置 …………………… 112

绿叶的遐思 ……………… 114

钢笔失踪案 ⋯⋯⋯⋯⋯ 116

森林幻想大赛 ⋯⋯⋯⋯ 119

孩子的真理 ⋯⋯⋯⋯⋯ 122

生活在别处 ⋯⋯⋯⋯⋯ 124

享受快乐 ⋯⋯⋯⋯⋯⋯ 126

因为我母亲也是清洁工 ⋯ 128

田叔的心事 ⋯⋯⋯⋯⋯ 130

生命之桥 ⋯⋯⋯⋯⋯⋯ 132

与老鸟同飞 ⋯⋯⋯⋯⋯ 134

君而无信，何以为君 ⋯⋯ 136

知足常乐 ⋯⋯⋯⋯⋯⋯ 138

唱歌的小溪流 ⋯⋯⋯⋯ 140

抽打樱桃花 ⋯⋯⋯⋯⋯ 142

左右脑的神奇分工

左脑：被称为"意识脑"、"学术脑"、"语言脑"。主要负责逻辑理解、记忆、时间、语言、判断、排列、分类、逻辑、分析、书写、推理、抑制、五感（视、听、嗅、触、味觉）等。

右脑：被称为"本能脑"、"潜意识脑"、"创造脑"、"音乐脑"、"艺术脑"。主要负责空间形象记忆、直觉、情感、身体协调、视知觉、美术、　　音乐节奏、想象、灵感、顿悟等。

1 你是别人的一棵树

　　有个人一生碌碌无为，穷困潦倒。一天夜里，他实在没有活下去的勇气了，就来到一处悬崖边，准备跳崖自尽。

　　自尽前，他号啕大哭，细数自己遭遇的种种失败挫折。崖边岩石上生有一株低矮的树，听到这个人的种种经历，也不觉流下眼泪。人见树流泪，问道："看你流泪，难道也同我有相似的不幸吗？"

　　树说："我可能是这世界上最苦命的树了。你看我，生在这岩石的缝隙之间，食无土壤，渴无水源，终年营养不足；环境恶劣，让我的枝干不得伸展，形貌生得丑陋；根基浅薄，又使我风来欲坠，寒来欲僵。看我似坚强无比，其实生不如死呀。"

　　人不禁可怜起树来，就对树说："既如此，为何还要苟活于世，不如随我一同赴死吧！"

　　树说："我死倒是极其容易，但这崖边便再无其他的树了，所以不能死呀。"人不解。树接着说："你看到我头上这个鸟巢没有？此巢为两只喜鹊所筑，一直以来，它们在这巢里栖息生活，繁衍后代。我要是不在了，那两只喜鹊可怎么办呢？"

人听罢，忽有所悟，就从悬崖边退了回去。

其实，每个人都不只是为自己活着。再渺小、卑贱的人，对于有的人来说，也是一棵伟岸的树。

嘿，听我说

"崖边岩石上生有一株低矮的树，听到这个人的种种经历，也不觉流下眼泪。"用拟人的手法阐述了树和人同病相怜的命运，在不知不觉间让读者产生一种身临其境的感觉。

2 亲爱的奶奶

小引：跟着奶奶生活了十五年，还没有写过一篇关于她的文章，刚好可以借此机会为她写点什么，她日后逢人便可说："瞧，我孙子给我写过书哩！"

奶奶的脚仅有我的手掌那么大，胖乎乎的像一口就可以吃下去的水萝卜。我曾经捧着她的"三寸金莲"，盯着那并在一起的五个蚕豆似的趾头，心里纳闷那窄窄的裹脚布有何威力，把一双大脚委屈成这般模样。而奶奶却很满意这双小脚，她年轻的时侯，姑娘们追求小脚和现代人追求苗条都是一样的热情。

显然这双小脚为她带来不少荣耀，不知这是奶奶的幸事还是造物主的悲哀。奶奶的脚很忙呦！从早到晚像两只钟摆，不停地交替。早上起床就跑去打开鸡窝，把鸡撵出来，也不管它们愿

不愿意，似乎鸡也必须懂得“早起的鸟儿有虫吃”的道理。接着跑进屋里，像撵鸡一样把我从被窝中拖出来，然后就急急忙忙地点燃了村子里第一缕炊烟。

奶奶总是很乐观，总能时不时地从平淡的生活中找出乐子逗自己，也感染他人。比如有一次，我说：“明天考试，可怎么办呀！”奶奶接过话说：“考试也不怕，咱肚子里有东西就什么也不怕。”我擦去笑出的眼泪，细细回味奶奶的话，顿悟：充实的人是难不倒的。

奶奶有时也是固执的。就如看电视，如果她认定一个人为好人时遭到我的反驳，她就会红着眼给我举出这个人干过的所有好事，直到我竖起拇指夸她有见解为止。

我眼中的奶奶是个站在灶台边，嘴里说着要为我炒菜，可是一阵噼里啪啦之后，却无端添进半瓢水，盖上锅盖的人。

奶奶是那个迈着小脚，一步一步走到镇里头，把我从游戏厅里拽出来，用尖尖的小脚把我踢回家的人。

奶奶是那个拄了拐杖，站在巷子口，等着那辆载着她小孙子的汽车的人。

奶奶今年已经80岁了，身体依旧健康，精神依旧爽朗。

3 人的责任

　　在人类社会发展的长河中，我们每一代都有自己的任务，而且绝非是可有可无的。

——题记

　　昨天，陈胜为了拯救众多生活在暴秦统治下的劳作人民，毅然发动起义，撼动了秦朝的统治；康有为、梁启超发动"公车上书"，揭开中国群众政治运动的开端；孙中山为救国救民于危难之中，决然发动了辛亥革命，结束了中国两千多年的封建统治，使人民获得了民主和自由的权利。

　　回望过去，历史上有那么多的人曾经担负起拯救国家，拯救民族的责任。

　　今天，我们又遇到了太多的不幸，但这也让我们更加清楚地认识到了自己肩上的责任是多么的重要和重大。

　　当洪水涌来时，是解放军担起了保卫人民，保卫家乡的

责任；当"甲型H1N1"袭来的时候，是医生和白衣天使担起了控制疫情、救治病人的责任；当地震突然降临时，伸出援助之手，是我们大家的责任。

如今的我们，努力学习是最基本的责任。我们唯有在自己的一方天地里认真学习，脚踏实地，才有可能开拓出更广阔的空间。

我们永远都不知道明天会发生什么，也许会更加幸福美好，也许会面临《2012》中的巨大灾难。但是，我们知道，即使明天会有更大的风雨，我们也能笑着面对。至于那份责任，我想不会再有人选择躲闪和逃避，因为它是属于我们每个人的。

愿我们每个人都把责任心携带在人生道路上，不管道路如何曲折，责任如何重大，我们都用肩膀去扛起它，为别人，更为自己！

让我们插上责任的翅膀，飞向广阔的天空……

嘿，听我说

本文的结构清晰、合理，文脉畅通，用题记引出主题，然后以时间为线索，使整个文章分段合理、排列有序、布局周密、前后连贯。此外，文章运用的材料也很突出，体现了良好的知识积累习惯。

④ 相信有一天

经历了人生的悲悲喜喜，对生活乃至生命都逐渐变得豁达。此时，重读汪国真的诗句，才真正明白"博大可以稀释忧愁，深色可以覆盖浅色"的含义。

其实，我们的不快乐，或许只是因为对这个世界要求太多，而现实却又离我们的理想太过遥远，所以我们永远都跟不上理想的步伐。正如时下流行语所言"理想太丰满，现实太骨感"。既如此，我们也只能降低对生命的要求，用博大去包容。一如友情，我们可以毫无顾忌地去爱，帮助一个人，但永不要期望对方给予我们同样的回报。不仅因为我们没有那样的权利，也因为那样的友情只会变成双方的负担。爱心，是上帝给我们的最大恩赐，不要让欲望吞噬了这世间少有的快乐。

有人说："上帝让好人成为好人就是对好人最大的奖励，让坏人成为坏人就是对坏人最大的惩罚，而真善是不需要回报的。"或许，我们遇到过一些不如意，我们也曾经悲伤、落寞，可这一切也许并不是因为我们做得不够好，而是被这个社会的风气影响了，变得"天下熙熙皆为利来，天下攘攘皆为利往。"但我们不要因此而改变人生最初的信仰，不要轻易放弃上帝给予我们的最美的奖励。生命的准则必须坚守，但这并不意味着我们要与那些已被世间庸俗风气同化了的人针锋相对。因为，一个人的力量毕竟有限，太过与众不同，也许只会如屈原般获得一个悲惨的结局。

保持一颗高洁的心，在我们无力改变现实的时候，保持沉默，韬光养晦，一旦有机会净化天空，我们会选择蹈死不顾。

相信总有一天，我们会遇见同道，会遇到令我们相见恨晚的人，保持一颗单纯的心，健康、乐观、向上，只为在我们相遇时，有一片纯净的天空。只要记得，活着是为了遇见美好。用一颗博大的心，努力生活，争取每一天都让阳光洒满我们心灵的院场。

快乐嘎崩逗

父亲责备儿子："邻居张叔叔很不高兴，因为你一拳打坏了他儿子的眼睛。但你却说那是出于意外，是真的吗？"

"当然是真的，"儿子说，"我本来想打中他的鼻子的。"

5 五官的秘密

在另一个"地球"上，居住着5户人家。它们分别是眼睛、鼻子、嘴巴、舌头和耳朵。一天夜里，除舌头外，这4个"人"趁着夜深人静，各自诉说起自己不幸的遭遇……

眼睛首先开口："我好可怜啊！主人一点儿也不爱惜我，一看完电视，就马不停蹄地跑去玩电脑，有时候还用脏兮兮的手揉我……你们看，我现在连稍微远点儿的东西都看不清楚了。唉……亏我还这么忠心呢。依我看，咱们这四个当中，就我牺牲最大。"

鼻子听后不满地说："你以为就你牺牲最大呀，如果没有我的辛勤劳动，主人还能呼吸到新鲜的空气吗？我们大家还能生存吗？如果没有我，主人就会呼吸困难、头昏脑胀。依我看，咱们这四人当中，数我最辛苦，我的贡献最大。"

嘴巴也不甘示弱，略带嘲讽地说："你们别自以为是了，不过做点小事嘛。哪像我呀，整天忙这忙那。不仅要忙着咀嚼和品尝，还要忙着说话，倘若没有我，大家哪能活。依我看，咱们这四个当中，就我贡献最大。"

暴躁的耳朵忍不住发出嗡嗡的响声："你们比得上我吗？没了我，你们就得生活在无声的世界里。是我让你们的生活无比精彩！论奉献，数我最多，论功劳，我最大！"

　　它们原本就对彼此不满，这一来，更是火上浇油，谁也不服谁，都认为自己的奉献最大，付出最多。最后，它们决定不再一起为它们的主人服务了，要独立体现自己的价值。舌头在一旁干着急，却插不上话。

　　就这样，大家都不肯让步。看着主人一天天消瘦下去，作为"领袖"的大脑终于忍不住发话了："秋天，雁群为过冬而飞向南方，可是你们知道它们为什么以'V'字形飞行吗？因为前面的大雁展翅时，翅膀拍打空气造成的上升气流，可使整个雁群至少增加71%的飞升能力。如果哪只大雁不愿付出，那么必然影响整个团体。难道你们要因为体现自己所谓的价值，而把小主人推向衰亡吗？"大家听后都羞愧得低下了头。

　　从那以后，大家再也不强调各自的能耐了。小主人又慢慢恢复了健康。

⑥ 老人的目光

　　我们那幢楼里住着许多老人。初中时，每天上学放学都会碰到，他们总是会驻足，宁静而安详地望着我们。起初被老人们注视着，觉得怪怪的，浑身不舒服，后来也就习惯了，但还是极少与他们打招呼，虽然知道自己很没礼貌，可就是说不出口。面对他们的目光，我只是报以含着敬意的眼神，以及淡淡的微笑，然后在他们的注视下低头匆匆离开——不知他们有没有发现过。

　　他们中有两位老人让我印象颇为深刻。一位住在一楼，一位住在三楼。住在一楼的老人，我几乎每天清晨上学时都会见到。她总是拄着拐杖颤悠悠地走出家门，在楼道通风口处侍弄她的花花草草。那些花草并不名贵，都是些普通的植物，但有着艳丽的色彩。我常常看见老人用她那布满皱纹、干枯的手指抚摸着那些花瓣叶片，专注地看着，犹如看一件珍宝。听到我下楼的声音，她便默默地转身，微颤地拄着拐杖，在不远处望着我。

住在三楼的老人已经90多岁了，背驼得厉害。不同于一楼的老人，遇见她总是在傍晚。每当我放学上楼，就会看见她背个手，半倚在楼梯的平台上，有时端一碗清淡的饭菜，有时看着绚丽的夕阳。我会被这画面深深吸引。听到我上楼的动静，她会缓缓转过身来，安详地注视着我，仿佛只是在聆听我上楼的脚步声。待我走过，她便又继续慢悠悠地回身朝圣般地望向远方。孤老的身影久久沉默着，伫立着。

　　我说不出那种感觉，也忘却了最后相遇是在何时。只知不久后，看见她家里进出的人很多，在那些忙碌的人中，独独没有看见背驼得厉害、一脸沧桑却目光平和的老人，也许永远也看不到了吧。我开始没在意，后来渐渐觉得不适，上到三楼时习惯性要抬头看看，似乎期待着看到老人佝偻的身影。

嘿，听我说

　　"用她那布满皱纹、干枯的手指抚摸着那些花瓣叶片"、"她背个手，半倚在楼梯的平台上……"这些细节细腻生动，既体现了作者对生活的细心观察，也体现了他对老人的关心。

⑦ 节俭的女王

英国女王伊丽莎白二世比阿拉伯的任何石油富豪和巨贾都更为富有。据说,她的财产不下25亿英镑。虽然如此富有,女王仍然十分节俭。有句英国谚语女王常挂嘴边:"节约便士,英镑自来。"

在白金汉宫,不仅照明,连供暖也都是保持在最低限度,因为女王用小电炉来暖和宽敞的大厅。被应邀到郊外农村的皇家住宅去做客的人,被告知需自带毛衣,因为那里暖气并非24小时都供应,而且还要自带酒水,因为"我们并不是大酒鬼"。

皇宫里有相当一部分的家具已经"老掉了牙",几乎要散架了。自维多利亚女王时代以来,皇宫里的家具从未更新过。当参观皇宫者看到经过修补的沙发和地毯、已经很不像样的挂毯和满是灰尘的书房时,感叹连连。

女王坚持皇家只用上面印有查尔斯王子纹章的特制牙膏,因为这种牙膏可以挤到一点儿也不剩。女王如果看见掉在地上的一根绳子或带子,也要捡起来塞进口袋里,可能在什么时候这些东西会派上用场。女王很喜欢马,但在马厩里,马不是睡在干草上,而是睡在旧报纸上,因为干草太贵。

女王自己以身作则，同时要求家人也节俭行事。就是她的丈夫菲利普，钱包也被把得紧紧的。在饭馆里酒价飞涨，他请宫廷人员在一家豪华旅馆吃饭时，便是自己准备了一些酒带去的。

快乐嗄崩逗

小亮在作文中写道：星期六的上午，我一个人在路上，伸着脖子缩着颈，浩浩荡荡地走着。

老师批道：试试看。

8 雪地见闻

清晨起来，拉开窗帘，一个银白的世界展现在眼前。我一心只想尽快扑进这雪白的世界。

妈妈送我走出家门，并三番五次地叮嘱我路上小心。我只顾观赏雪景，自然觉得妈妈唠叨，"回去吧，回去吧！"然后头也不回地上路了。

"妈妈，快，快拉我跑！"

雪地中一位年轻的母亲拉着身后的小女儿跑着，笑着。忽然，母亲脚下一滑，摔倒在雪地上。我忙跑过去扶起她，她却不顾自己，而是马上扶起了坐在地上的小女儿。女儿也很懂事地给妈妈拍去头发上的雪，轻轻地问了一声："妈妈，您疼不疼？"母亲笑了，笑得那么舒心。

望着雪片纷飞中母女俩紧紧相偎的身影，我的脑海里立刻映出了十年前似曾相识的一幕：那时，我也曾十分乖巧地为妈妈拍雪，扶妈妈走路。可十年后同样的雪天，我却只顾自己的兴致而把妈妈的关心搁在一边。也许妈妈并未留意我的话，但17岁的我应该理解父母的苦心，因为在他们的眼里，我永远是个长不大的孩子。

　　也许刚才的那位母亲摔得很重，可小女儿简单的一句"妈妈，您疼不疼"，便已化解了她的疼痛。不管外面有多冷，一股暖流也会涌上心头，这便是世上最温暖的阳光，也是像雪一样纯净的真情。

　　我目送那对母女远去，便急切地回转身，我要回家去对父母说："爸爸妈妈，雪大路滑，当心啊！"

　　雪花还在肆无忌惮地飘呀飘……

闪亮之星

　　同学们，你们在写作的时候是不是总感觉到没有素材呢？其实生活中的任何人、任何事，或者是你阅读一篇文章后的感悟，或者是看电影后的感想，都可以作为你写作的素材哦。

　　现在，就和同学们一起以阅读的一篇文章或者看过的一部电影为主题，写下自己的心得体会吧！最后大家一起评选出"写作之星"，看看是不是你呢？

9 流星之美

从未见过流星的我，每当翘望夜空，就不期然地想起那一次次与流星擦肩而过的际遇。或许，我真的是与流星无缘，以致我已度过的17个春夏秋冬中从未亲眼见过它，只能从别人的口中或电视动画、照片中偶然触及。我无法揣测的瞬间美与我相隔何止十万八千里。

流星滑过天空，急急消失，没有喘息的时间，也同样让我没有抬头一见的时间。流星，我真的这样与你无缘吗？你的美难道就不能施舍给一个渴望你、等待你出现的女孩吗？

曾经跟张花她们开玩笑，说谁跟我在一起，谁就与流星无缘，因为我与流星无缘！难道我的人生会真的与流星无缘吗？

多少书提及流星，多少电视片上录制过流星，多少人亲眼目睹过流星雨。然而，我偏不是其中一个。

我喜爱流星，起先并不因为它的美，而是听闻那美好的传说：对它许愿，愿望便能实现。神秘、浪漫的它，从此成为我留恋的对象，多少次翘首苍穹，无奈而焦急地等待它划破天空。

后来才慢慢懂得，它的美，惊世骇俗：短暂、高贵、华丽、迷人……似乎所有的赞美词都是为它而创造。我痴了，我等待的对象是神灵一般的流星。我不敢苛求见到流星雨，我只希望能见到一颗小小的流星，给我一些慰藉，便足矣！

快乐嘎崩逗

1. 每年到了这个时候，我都要思考上很久很久，这无疑是我一生中最痛苦的时刻。

2. 我什么都不做，是为了大家有机会发挥自己的长处。

10 古诗的神韵

那绚丽如彩虹般的，那梦幻如魔术般的，那峻峭如高峰般的，是我们身边的古诗。怀着一颗平静的心去细细体味，就会沉醉其中，沉醉于那美妙的古诗中。

（一）

"人生自古谁无死，留取丹心照汗青。"

国土遭元军蹂躏，山河破碎，南宋王朝在元军的攻逼下岌岌可危。如今部下将士牺牲殆尽，亲人被元军俘虏，自己孤零一人，犹如风雨吹打的浮萍，无所依托。国家处于风雨飘摇中，亡国悲剧已不可避免，个人命运就更难以说起，面对这种巨变，诗人想到的不是个人的出路和前途，而是深深地遗憾自己没能在军事上获得胜利，从而扭转局面。如今路过了伶仃洋，触景生情，眼看大好河山沦落敌手，痛苦和悲愤是难以名状的。最终，身陷敌手的诗人对自己命运毫不犹豫地做出选择：以死明志，以死殉国。

（二）

"忽如一夜春风来，千树万树梨花开。"

北风劲吹，雪花飞舞，宛如千树万树洁白的梨花在一夜春风地吹拂中斗艳盛开。天气如此寒冷，诗人却要和朋友分别，从辕门一直送到轮台东门，"去时雪满天山路"，只见白茫茫一片，路也看不见，这一路可怎么走啊！依依不舍之情溢于言表。

（三）

"落红不是无情物，化作春泥更护花。"

暮春时节，是"流水落花春去也"的时候，可是诗人赋予落花以生命和感情。花儿虽然凋零，但它并没有完成自己的最终使命，它还要回到养育过它的泥土中去，化作春天的土壤，来滋润守护来年新开的花朵，尽自己的微薄之力。诗人以落花自比，辞官还乡就好像是花朵凋零，叶落归根，即使牺牲自己，也要为下一代的成长出力。

古诗，是绚丽的，是梦幻的，是深厚的，令人沉醉其中，无尽的沉醉……

11 玩的资格

　　文学大师梁实秋先生在世的时候，我曾有幸和他同桌用餐。

　　冷盘端上来，梁先生说他有糖尿病，不能吃带甜味的熏鱼；"冰糖肘子"端上来，他又说不能碰，因为里面加了冰糖；"什锦炒饭"端上来，他还是说不能吃，因为饭里的淀粉会转化成糖。

　　最后，端上"八宝饭"，我猜他一定不会碰了，没想到梁先生居然大笑道："这个我要。"朋友提醒他："里面既有糖又有饭。"梁大师则笑说他早知道，就因为早知道有自己最爱吃的"八宝饭"，所以前面特别节制。"我前面不吃，是为了后面吃啊，因为我血糖高，得忌口，所以必须计划着，把那'配额'留给最爱。"梁先生如是说。

　　转眼已经过去三十多年了，我时常想起梁实秋先生的这段话。我发现许多伟大的人，都因为他们懂得节制，集中力量在特定的事物上，才会有后来杰出的成就。

　　功课表现好的学生也一样，最近报上刊登"大学学测"

榜首的学生，都说他们常常打电玩，天天上网。当记者问他们怎么还能成绩好的时候，答案是：专心玩的时候，尽情放松自己；回到课业，则全力以赴。

这也使我想起不久前看到的一个统计报告：受高等教育的人平均寿命长得多，老来也比较健康。报告分析，一方面因为那些人收入高，生活比较优裕；一方面因为他们能克制自己，想吃的东西不吃，不想动的时候，仍然强迫自己运动。所以连老来发胖的比率都比一般人低。

每个人的时间都一样，智商也不会差到哪里，那些既能玩，又能读书的人，都有一种相同的本领，就是他们在玩耍之前懂得计划，如同梁实秋先生决定要吃最后的八宝饭，先前就要节制。

"后面要过瘾，前面就得牺牲。"

嘿，听我说

本文列举实例——梁实秋先生吃八宝饭的事情，来说明人在享受之前，应该做好相应的计划，要想取得成功，就要懂得隐忍，这样才能拉近自己与目标的距离。

12 瞧，这一群"小贼"

　　春节，我发现外公家来了一群"小贼"，常常到外公家偷吃挂在窗前的酱肉，而且机灵得很，人一来，就立刻无影无踪。它们会是谁呢？

　　"叽叽，叽叽……"这批"小贼"们心满意足地饱餐一顿后，又来了一批——我岂能错过这场好戏？赶紧蹑手蹑脚地来到窗边，悄悄躲在窗帘后看热闹。

　　这些聪明又贪吃的"小贼"像预先串通好了似的，瞧，有两个"小贼"悄然地降临在外公家挂在防盗窗上的酱肉旁，还胆大包天地站在架子上左蹦右跳、东张西望，但却没有动口，只叫了两声。看来这是一大家子准备来偷吃，首先出现的估计是"贼"爸爸和"贼"爷爷，它们来侦察"敌情"，结果发现一切安全，就兴高采烈地呼朋引伴，好像在

说："快来快来，警报解除！偷吃计划正式开始！"这时树上的亲朋好友好像也极其兴奋地叫了两声，一边回应着，一边从隐蔽处飞了过来。于是，这群"小贼"便迫不及待地开饭了。

　　它们你尝尝，我品品。把酱肉啄得摇来晃去，真像在打沙袋，它

们兴奋地叫着，好像在说："嘻嘻，真好吃！真好吃！"这时，那只放哨的"小贼"把头扭了过去，叫了起来，好像在抗议："给我留点，给我留点！不然我不给你们放哨了！"可能是实在忍不住了，那个哨兵也一下子扑上去狼吞虎咽地吃了起来。

不知道是哪只"小贼"，发现楼上的杆子上也挂了大串大串的腊肉，于是大家便不假思索地扑了过去，盘旋在腊肉的周围，疯了似的啄那块腊肉，像一只只蜜蜂守在巢穴旁。为了停在空中吃肉，它们不得不一直扑着翅膀，看起来真够累的。看它们这馋样儿，我"扑哧"一声笑了，原来，这"小贼"馋嘴吃肉是这么有趣的呀！我的笑声惊动了它们，结果转眼之间全都被吓跑了。嘻嘻，它们被吓破了"贼胆"，全都溜之大吉了。

瞧，这就是我外公家的"小贼"！它们是一群可爱的"小贼"——偷吃肉的一群小鸟！没想到吧，连温顺可爱的小鸟也会偷偷摸摸又不失可爱地偷肉吃呢！

13 会飞的兔子

兔子站在山涧的边缘，望着对面草地上的绿草，垂涎三尺。但山涧实在是太宽了，足有几十米，恐怕任何野兽都无法逾越，除非长着翅膀的鸟。

兔子叹了口气，心想，自己如果长着翅膀就好了，就可以轻而易举地飞到对面的草地上美餐一顿。正胡乱想着，忽然有一股巨大的旋风刮了过来，兔子被刮上了天空，它只觉得天旋地转，晕晕乎乎，弄不清东南西北，一会儿的工夫，便重重地摔在地上。

它揉了揉眼睛，惊呆了，原来自己已被旋风裹着飞过了山涧，脚下正是它梦寐以求的绿草地。

黄牛、山羊、野猪等动物见山涧对面飞过来一个东西，便赶紧跑过来看个究竟。近前一瞧，它们简直不相信自己的眼睛，这个会飞的东西竟是兔子！于是大家把兔子抬起抛向空中，表示对兔子本领的欣赏。而后大家众星捧月般围着兔子问长问短，兔子一举成为动物们的核心，高兴极了。

兔子会飞的消息很快在动物王国中传开了，于是兔子成为了体育

明星。由于它创造了只身飞跃山涧的动物界纪录，动物们对它都心服口服。黄牛、山羊、野猪先后请兔子到自己的领地作报告。兔子便常常伴着阵阵掌声，走上讲台，讲自己飞跃山涧的实践过程与体会。它越讲越激动，常常是一讲就是半天。

兔子从童年讲到青年，从喜欢吃的青草讲到自己挖的洞，从自己的腰围讲到体重。口若悬河，滔滔不绝，兔子的演讲水平迅速提高。

在一片赞赏和喝彩声中，兔子真觉得自己会飞了。一天，它心血来潮，当着动物的面，说自己要再次表演飞跃绝技。于是它站在山涧边上，用足了力气，猛地向对面跃去。

可是，它只飞出几米便坠到山涧里去了。

快乐嘎崩逗

"爸爸，你可以省钱了！"
"省什么钱？孩子。"
"今年你不用再花钱给我买课本了，我被留级了。"

14 钱的昨天、今天、明天

　　在钱的发展历史中，它通常以实物货币、金属货币、纸币、电子货币等形式出现。

　　钱的昨天就是一些实物货币、金属货币。实物货币就是古希腊时的牛和羊、非洲和印度的象牙、美洲土著人和墨西哥人的可可豆一类的东西。而这些实物货币对人类来说，很不方便也很不安全，所以很快就被淘汰了。接着就产生了金属货币。金属货币最初是由铜等低价的金属充当的，后来就逐渐固定在金银上。我国的古铜币有刀币、布币、铲币、环钱等。虽然金属货币比起实物货币要方便些，但还是有点笨重，而且不够安全，所以不久后也被淘汰了。

　　钱的今天就是我们现在普遍使用的纸币。我国著名的纸币就是四川的"交子"。它是世界上最早的纸币。纸币是独立货币，比起往日的钱，它最大好处体现在携带更方便，但它的安全性就得不到保证了，因此我们经常发现假币。

　　明天的钱——电子货币即将面世了。目前的电子货币主要有银行卡和网上电子货币两种。比较著名的有数字现金、第一虚拟、网络现金、赛博现金和硬币等。相对于昨天和今天的货币来说，电子货币非常安全，携带也很方便，为人类交易活动的进一步发展提供了基础手段和准备。

　　电子货币作为货币形态演变

的最新形式，是一种在网上电子信用上发展起来的，以商用电子机和各类交易卡为媒介，以电子计算机技术和现代通信技术为手段，以电子脉冲进行资金传输和存贮的信用货币。当然，电子货币成为一种占主导地位的支付手段的前提条件是，网上商业活动成为社会的主流商业模式。这个前提条件尚不充分具备时，电子货币只能作为一种辅助性的支付手段起作用，但是钱的明天会更加美好。

嘿，听我说

这篇文章的标题把"钱的过去、现在、将来的发展史"用"昨天、今天、明天"来概括，不仅吸引了读者的目光，还能使读者看了标题后产生遐想和疑惑，随之饶有兴趣地阅读下去。

15 放弃中的美

　　现实世界美与丑并存，但人们追求的是美。人们认为生活中不能没有美。

　　对于什么是美，从古到今，人们有过许多不同的解释，到现在还没有一个公认的定义。在我们的身旁就存在着美：当我们观察晨光时会观察到美；当我们聆听溪水流动时会听出美；当我们看着活泼的青年时会看出美……可见，美无处不在。

　　对于我来说，美是一种完美的含义。当然，"美"太完美就变成了不美。所以有时我认为"放弃也是一种美"。听到我这么说，肯定会有许多人感到惊奇，"放弃是意志不坚定的体现，难道这也是一种美？"这时，我会对他们说：当今世界上，美无处不在，这也就决定了美的含义也是没有局限的，所以世界上的美的含义就都不相同了。在欣赏画家的悲剧作品时，不是也可以欣赏到一种残缺的美吗？难道有残缺美，就没有放弃美吗？

　　在我们的学习生涯中，遇到过各式各样的事情，比如：一个学生想当班长，但是投票选举时却落选了，但他并没有灰心，还是很自信。在下一轮选举学习委员时，他的发言让自己得到了这个职务，这难道不是体现了一种放弃美吗？

会在下一轮的选举中当选。诸如此类例子在我们的生活中有许多，这些例子不就是体现了一种放弃美吗？

很多人在面对很多事情时都没有找准方向。例如：在考试过程中碰到难题，有些人就在这一道题上花费很长时间，甚至直到交卷都没有做出来；而有的人懂得适时放弃。这看似问题不大，但分数一出来，我们就可以看到问题了。他的"固执"让他浪费了大量的时间和精力，以致没有时间检查其他的题目而与高分擦肩而过。就因为他太固执了，每道题都想做完，他觉得做完一整张试卷是一种美，肯定会得高分，但最后事实证明，不是。

这个例子充分说明了执着有时是一种错误，放弃有时也是一种美。不要让我们的脑海中充满"完整的美"的形象，这样会让我们犯美丽的错误。

所以，有时候放弃也是一种美！

16 咪咪打电话

冬天到了，天气越来越冷了，小老鼠们都挤在一起，可暖和了。可是总要吃饭吧，不吃饭可是会饿死的啊。可这么冷的天，叫谁出去找吃的呢？小老鼠们你推我，我推你，谁也不愿意出去。可大家的肚子却不争气，咕噜咕噜地叫个不停。

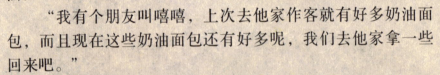

其中有一只叫"咪咪"的小老鼠有点忍不住了："不行，这样下去会没命的，我有个主意。"

小老鼠们听咪咪讲完这句话，兴致就上来了了："你快说，有什么好办法？"

"我有个朋友叫嘻嘻，上次去他家作客就有好多奶油面包，而且现在这些奶油面包还有好多呢，我们去他家拿一些回来吧。"

大家都高兴地说："好啊，好啊。"

又有一只小老鼠发话了："咪咪，要是我们去了，嘻嘻不在家，我们不是白去了吗？"

咪咪眼睛骨碌一转，又有了主意，"这还能难倒我们吗，现在科技这么发达，打个电话问问不就行了？"

于是咪咪赶紧拿起电话拨通号码："吱，吱，是嘻嘻吗？上次在你家吃的奶油面包可好吃了，还有吗？我还想吃呢！"

　　"喵，我家奶油面包可多了，你过来拿吧！"电话那头回应道。

　　咪咪吓得大叫："呀，拨错电话号码了，赶紧跑，不然给小猫查出这号码出自咱们家，咱们全部都得被消灭了！"说完，扔下电话就跑了。

⑰ 小牙齿，大道理

人的牙齿分门齿、犬齿、前臼齿、臼齿，大家各司其职。由于牙齿最坚硬，眼睛最珍贵，故成语中有"以眼还眼，以牙还牙"之说。中国人吃的饭偏熟软，久而久之，牙齿原来的一些功能就慢慢退化了，而且也会渐渐变黄，让爱美的人很苦恼。西方人常吃生食，牙口相对就好，而且糙食有洁齿功能。

有一年，我去甘南拉卜楞寺，晚上围着篝火看藏族女孩跳舞，听她们唱歌。夜幕下什么也看不清，只能看见她们的一口大白牙。人家也不经常刷牙，也不正畸，牙齿却整齐得可以气死牙医。

由此看来，牙齿好不好，关键在遗传基因，跟刷牙关系不大，说这话牙医听了一定不高兴。有一位患有牙病的伟人对医生说过："老虎不刷牙，为什么牙不掉？"其实原因很简单，掉牙的老虎没得吃，早就饿死了。

仔细想想，人生道理昭然若揭，牙齿硬舌头软，可硬的拼不过软的，说不定哪天就掉了，软的却可以伴随一生。你见过掉舌头的人吗？以柔克刚不是瞎说。

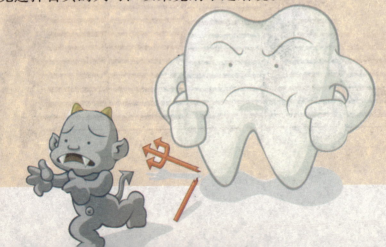

18 印象

是飘落深谷去的，
幽微的铃声吧，
是航到烟水去的，
小小的渔船吧。
如果是青色的珍珠，
它已堕到古井的暗水里。

林梢闪着的颓唐的残阳，
它轻轻地敛去了，
跟着脸上浅浅的微笑。

从一个寂寞的地方起来的，
迢遥的，寂寞的鸣咽，
又徐徐回到寂寞的地方，寂寞地。

———— 戴望舒

19 打开心窗

一片树叶飘进来，落在你的手边，你嗅了嗅。"有点香，是樟树叶吗？春天来了，怎么还会有落叶？"你问，你知道你的窗外有一棵樟树。

"其实，樟树叶也会变黄掉落，只不过到春天的时候，它会逐渐用新叶替换上一年的老叶子……"我不知道你有没有听懂，你脸上盛满着对我的羡慕和崇拜。

"油菜花开了吧，常听到蜂响。听说油菜花是鹅黄色，是那种非常温柔的颜色。你摸摸……"我把你床头那只毛绒绒的小兔放在你手心，"知道了吗？这就是鹅黄色给人的感觉。"我笑了，因为你笑了，让你笑是多么的难得。

"打开我的窗，让我看一看外面。"你说。我答应着。其实，你的窗本来就开着。于是你做出眺望的姿态。"外面有什么？"你问。"有油菜花。""还有呢？""有天，有云，有蝴蝶。"我不敢说"蓝天"、"白云"和"彩色的蝴蝶"，因为我没办法向你讲清楚蓝色、白色和彩色是什么样子的。你显然不满意这种单调的答案，喉咙咕噜一下，咽回了想说的话，刚才晴朗的脸又暗了下来。

我能为你做些什么，告诉我，好吗？

有一天，我高兴地给你送来一串风铃。我告诉你，这是一串紫色的风铃，紫色是很神秘的颜色，像梦一般。我还对你说，风铃可以让你触摸窗外世界的脉搏，紫色可以装饰你的梦。可是，你忽然大哭起来，瘦削的肩膊剧烈地抽动着，"我的梦一片漆黑，全是噩梦！"我落荒而逃，像一个想帮人开窗却打破了玻璃的孩子。

再一次去看你，已是夏天。小楼里凉风习习，你不再留童话公主般的长发了，而是梳成利落的马尾，风铃在窗边跳着舞蹈，音乐弥漫。

我的眼里噙满泪水，你的窗户你已经自己打开，真美！我第一次不是安慰而是羡慕地看着你，真的很美，你用心看到的世界比许多人用眼看到的世界更美。

20 郭靖的成才路

几乎任何一个版本的《射雕英雄传》里，郭靖在他童年时都尽量显示他的笨拙。

根据精神分析大师艾里克森的理论：出生后到1岁的阶段，孩子要信任父母，尤其是母亲，母亲要给予其安全感。我们经常说起来的"认生"，就发生在8～12个月。郭靖长在大漠的这段日子并没有妈妈之外的人抱他，所以他成年后很容易信任别人。

1岁~3岁，这个时候的孩子刚刚能探索世界，如果这一时期父母管得太严，孩子会害羞和犹疑不定。郭兄弟的这两种性格特点一直持续到成年，他在华山上还在琢磨自己杀坏人是对还是不对。

4岁~6岁的孩子忙于建立自我意识，郭兄弟救了哲别的性命，结果是哲别承担了部分父亲角色，教他射箭，还补贴他们母子的生活。

至于这岁数的黄蓉和欧阳克呢，黄药师天天喊着想杀人，黄蓉又整天和岛上的哑巴仆人为伍；欧阳克的成长经历不清楚，不过可以推测是与骆驼、大漠和白衣女子混在一块儿。郭兄弟和他们一比，

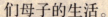

实在是太健康了。

7岁~11岁，是上小学的时间段，这会儿正是培养孩子勤奋感的时候。这会儿的郭靖遇到了江南七怪，这七位师傅规定练不会武功就不给饭吃(多个版本的电视剧里拖雷说请吃羊腿，大师父怒斥说不许)，郭兄弟就是这样练成了一身扎实的基本功。

此时的杨康也在学武功，还是全真教的上乘武功，不过一来丘处机老师是博导式教学，一个学期飞来教几周，二来他家是王府，他娘连兔子也不让伤，更不会让儿子挨饿了。

12岁~20岁，最要紧的是培养角色的同一性，知道自己该从事什么职业，这时期马钰的影响不可小觑。郭靖最缺乏成就感的时期马钰出现了，传他内功，还教他很多处事的法子。日后郭靖的宅心仁厚，除了他母亲的教导，还受到了马道长的很大影响。

这一阶段他的角色很简单，就是打胜仗，比如刺杀铁木真的敌人，刺杀完颜洪烈，替师父去比武，不容易有角色错乱感。相反，倒霉的杨康一夜之间发现自己民族姓名都是假

的，世界一下子就面临崩溃。

20岁后的青年需要培养的是亲密感，郭兄弟此时行走江湖，遇到装扮成小叫花子的黄蓉，他身上完全是一个心理健康的孩子所散发出的气质，付酒账和送貂皮，那种信任感就让黄蓉羡慕不已，性格有缺陷的黄蓉也找到了自己可以信赖的人，两人都找到了亲密感。反观杨康，和穆念慈的感情本就体现出严重的不安全感，还和欧阳克、沙通天这样有严重人格障碍的家伙混在一起，人生就此报废。

嘿，听我说

本文以郭靖从小到大的年龄顺序为叙述线索，在郭靖的每个年龄段分别用了正反两种具体事例分析了郭靖最终能走向成功的原因。

21 ## 美丽的心情

快乐和伤悲就是那两条铁轨，
在我身后紧紧追随 。

所有的时刻都很仓皇而又模糊 ，
除非你能停下来远远地回顾。

只有在回首的刹那 ，
才能得到一种清明的酸辛。
所以也只有在太迟了的时候，
才能细细揣摩出一种 ，
无悔的，美丽的心情。

22 心中有阳光

　　春夏秋冬，物换星移，阴晴圆缺，悲欢离合，是人生不断面对的情境，没有人能逃避。问题是，你要用怎样的心境，来面对这些变化呢？

　　健康、光明、善良，都是好的答案。自己的行事作为，光明坦荡，无愧我心，也用同样的心情来感受世界。这面光明、健康的镜子，会像阳光一样，普照大地，引导自己走上正途。

　　心中有阳光，想的都是光明正道。只问自己是否全力以赴，不管外界是否风雨交加；只问自己是否仁慈友善，不论对方是否作恶多端；只问自己是否坚毅执着，不论事情是否艰难万分；只问自己所得是否本该应得，不论别人是否超额据有……

　　心中有阳光，看世界会美丽动人，看人间会平和喜乐，看家庭会知足美满，看朋友会真情对待。遇机会，知把握，勇敢向前；遇困境，不怨愤，小心应对；受人恩惠，常怀感

恩，知回报；为人所害，宽宏原谅，不求报复。

只不过，红尘俗世，只有少数人心中有阳光，大多数人放不下人世的爱恨情仇，放不下人间的功名利禄。顺境时，得意自满，忘其所以；失意时，怀忧丧志，怨天尤人。在名利的驱使下，心魔滋生，阳光退却，成为是非池，所为尽是是非事。

就算心中有阳光，也不是随时随地、无时无刻都能远离魔障。在长期挫折煎熬下，人会怀疑畏怯，心中的阳光会隐去，黑暗会扩大，重回是非人，重做是非事。 可是只要我们始终坚持心中有阳光，我想就算一时乌云掩月、白日蒙尘，也不会持续太久，因为我们坚持，不要重做是非人。

快乐嘎崩逗

"老师，您为什么要用三副眼镜呢？"

"哦，一副是远视镜，一副是近视镜，第三副是用来找另两副眼镜的。"

23 爱迪生卖报纸

因家中贫困，爱迪生11岁便辍学踏入了社会。小小年纪，能做什么呢？经人介绍，爱迪生做起了在列车上卖报的营生。

那是从休伦港开往底特律的列车，列车早上出发，他便早早起来买了当天的报纸，乘上这趟列车一路卖下去。一份报纸5分钱，其中差不多有1分钱的利润。卖得好，一趟下来可以卖出百来份报纸。运气不佳，就只能卖出三四十份，要是这样，可就惨了，多出的报纸只能拿回去生火了，那可得辛苦好多天才能补上亏空。

于是，爱迪生想：为什么有时报纸不一会儿就卖光了，有时却要剩下好多呢？没多长时间，其中的奥秘还真的被他找到了：时值美国南北战争，凡是报纸上载有战事消息的，其销量就会猛增。

当时的报纸需提前订购，报社为了控制成本，报纸的印刷量要以订购数为标准的。所以，先前订购的份数在取报时是不可随便增加或减少的。可如何提前知道第二天的报纸上是否有战事消息呢？

爱迪生认识一个《底特律自由报》的排字工人，于是他以每天为排字工人免费提供一份新鲜奶酪、浆果或蔬菜为代价，让排字工人提前告诉他第二天报纸的内容。凭着经验，他再判断一下能卖出多少份报纸，然后再决定买进数。随着时间的推移，他的判断误差率竟慢慢缩小到1%，卖报的收入也开始成倍增加。

一天下午，爱迪生在与一位买主的交谈中得知：当天上午有数以千计的人在夏伊洛战役中被杀。他一下意识到这是一个不错的商机，于是他立刻找到一个自己认识的电信员，许诺日后每天白送他一份报纸，请电信员赶紧拍电报给各火车站，让他们张贴有关简略描述夏伊洛激战的布告。

第二天，火车从休伦港开出后，停靠的每一个小站上都挤满了等着买报纸的人。为了能先睹为快，人们纷纷愿出高价。就这样，5分钱一份的报纸，涨到了2.5角，爱迪生订购的1000份报纸被一抢而空。

爱迪生就是凭借自己爱思考，善探索的精神走上成功之路的，这是他从小就具备的品质呢。

24 乞丐也需要努力

　　每当他踏进车厢，必先掏出一根竹笛，吹出《敖包相会》曲子的前半段，然后一拐一拐地沿着车厢往前走，同时唱出那曲子的后半段。最初，我几乎每次都给他一些钱，但其他给钱的人却很少。渐渐地，我开始对他那每日重复的曲子也不感兴趣了，所以也给得少了，甚至有时就不给了。这样，他走过一节车厢时，有时分文无收。

　　这使我想起海外留学生活时，异国城市中的一个乞丐，几乎是每天下班回家的路上，在那美丽的地铁站口，我总能看见这个乞丐熟悉的身影。他的身体也有残疾，也是一边演奏一边唱，不同的是，他每天变换乐器和曲目，有时弹奏他的旧吉他；有时拉起他那已经掉色的小提琴；节假日时，他往往来一段欢快的曲子；天气不好时，他的曲子则可能婉转悠扬。

　　别以为他是卖艺者，其实他是乞丐，每天睡在公园的纸箱子里，属于地地道道的无家可归者。可每次总能看见不少人中途驻足，或给他些钱，或欣赏他的曲子，他那盒子里的钱也总比其他乞丐多。

　　有一次，我忍不住问他："这样每天变换乐器和曲目，你不累吗？"

　　"如果不努力，

今后日子会更难过的。"他只回答了这样一句话。我豁然开朗，世界是公平的，谁都不能坐享其成，即使是乞丐，也需要努力才能获得。

闪亮之星

　　同学们，你们知道阅读能力培养的重点是什么吗？其实就是你们对所阅读的文章的感受、理解、欣赏和评价的能力。因此当你们阅读一篇文章后，第一反应就是你对这篇文章最真实的感受，接下来再分析文章所反映的中心思想时，你就能很轻易地抓住中心主题了。

　　快启动自己的思维，请老师帮忙找一些好文章，然后和大家一起讨论、赏析这些文章，并且评选出本届的"闪亮杯"阅读之星吧。

25 电的浪子时代

　　最近，英国《新科学家》杂志评选出了历史上11项"看起来不行却最终改变了世界"的科学，其中排在首位的，就是每天都伴随着我们的电。很难想象，如果有一天电消失了，我们的生活会变成什么样子？

　　电的历史可以追溯到18世纪。可是这项伟大的发明在最初几十年里只是一件玩具。当时完全没有人预料到，电在日后会如此"飞黄腾达"。

　　施加魔法　街头卖艺

　　电这个新奇的玩意儿最先吸引了魔术师们的注意，他们携带着起电器和莱顿瓶周游各地卖艺。表演的内容有很多种，有时很简单：魔术师先对一个外观与普通玻璃瓶无异但已经充了电的莱顿瓶"施加魔法"。然后，他邀请观众上台，让观众用手触碰莱顿瓶两端。此时，魔术师带着笑容说："你的手一定很麻吧，我的魔法奏效了。"不知情的观众对魔术师的技艺大加称赞，争先恐后去体验"奇妙"的感觉，这种表演盛行一时。

　　触电游戏　娱乐大众

　　作为研究电的科学家之一，富兰克林对电魔术也很感兴趣。几乎每个星期，他都会举办一个小型聚会，为朋友们表演各种有趣的电学实验。有一次，他制作了一些纸蜘蛛，然后给它们通上

电，由于同种电荷相互吸引和异种电荷相互排斥的原理，纸蜘蛛就会在两个带有不同电荷的莱顿瓶之间飞来飞去。他的表演大受欢迎，甚至被邀请远赴欧洲去表演。

在当时，上流社会的人们常常在聚会时玩一种叫"集体触电"的游戏：十几个人手拉手连成一排，排在队伍首位和末位的人分别接触莱顿瓶的两端，一排人就会同时尖叫着跳起来。当时，很多人沉溺于这项游戏中。

1748年，法国人诺莱特在巴黎圣母院外为法国王室作了一次特别表演：700名修道士手拉手连在电容器两端。如众人所期待的那样，700名修道士几乎同时跳了起来，场面颇为壮观。

然而，人们渐渐发现一个奇怪现象：玩这种"集体触电"游戏时，有时候只有队伍前一部分人跳起来，到某一个人就停住了。这种情形在当时颇令人费解。于是，一旦某人成为这个不幸者，人们就会议论纷纷，认为此人日后会遭遇大难或是好事临门；还有的人说，此人的生理结构与众不同。后来，科学家才发现其中的奥妙：这些人的鞋底是湿的，是导电的水将电荷引到了地下。

历经质疑　终成英雄

1831年，法拉第发现，可以用磁场来发电。在一次讲座中，一位贵妇人问他："您的发明看起来很有趣，可是，实际有什么用呢？"法拉第反问道："新生婴儿有什么用呢？"这成为了一句经典的名言。

不出法拉第所料，半个世纪之后，到了19世纪七八十年代，在美国费城博览会和法国巴黎博览会上，爱迪生发明的灯泡、留声机；西门子发明的发电机；贝尔发明的电话等电器，先后展示在了世人面前。曾经作为娱乐工具和骗子把戏的电，终于变成了一种新的能源，走进了人们的生活。

26 到韶山

别梦依稀咒逝川，　故园三十二年前。
红旗卷起农奴戟，　黑手高悬霸主鞭。
为有牺牲多壮志，　敢叫日月换新天。
喜看稻菽千重浪，　遍地英雄下夕烟。

　　　　　　　　　　　——毛泽东

嘿，听我说

　　首以"别梦"开端，暗示回到故乡，而又荡开到"三十二年前"；末以"喜看"作结，正面形象歌颂；前咒后喜，自然对应。中间两联四句，一正一反，一反一正，正好把三十二年的历史发展按序表述出来，由咒而喜，绾合结尾。真情壮志，自然浑成，句句都是直抒胸臆，恰到好处。

27 课还可以这样上

　　刚下车，Rose Bay（玫瑰湾）的暖风就迎面扑来，清晰地感觉到脸上的毛孔倏地一下舒张了。放眼望去，远处碧海连天，近海游艇轻摇。正待细看海滩景致时，耳畔传来大群孩子又尖又亮的笑声。我下意识地回转头，原来是一群孩子围着一个棕发男子比划着什么，手舞足蹈，而且笑声不断。带队的澳方老师介绍说，那是玫瑰湾公立小学的老师在上课。

　　在草地上上课，还说说笑笑、打打跳跳的？我和同样来自北京到悉尼游学的肖薇对视了一下，忍不住手牵手走过去看看究竟。静观一会儿，我们大致明白了那个老师在讲镜像对称的现象。他左臂贴耳伸直，右臂弯曲叉腰，右脚侧抬离地，做了个小写字母"k"的姿势，让孩子们做镜中人的相应姿势。孩子们边跟老师说着正立成像、左右相反的词语，边比划着动作。看着这群孩子动作做得怪模怪样，身子歪来倒去，笑成一片，我也情不自禁地笑了。

　　"原来这儿真是课堂呀。"一听肖薇这么感叹，我想起我们上课时老师的要求：正襟危坐，不准交头接耳，自心底涌起黯然。什么时候我们的课堂也能放在大自然里，也能这么趣味盎然呢？也许，该来游学的不是我们，而应该是老师！

记得在高一时，听我们的外教Trudy说过，她到过很多国家教书，然后把所挣的钱大部分都花在了游历各国的大好河山上了。我当时问她为何选择这样另类的生活方式，她却说这很正常，通过在外国教书，挣钱养活自己的同时，还能欣赏多国风光，了解多种文化，可谓一举多得。我一直不明白为什么她没有找一份稳定体面的工作或是承担成家立业的压力，而是选择了这么随性的生活方式。今天，在玫瑰湾，见到这样轻松有趣的课堂形式，我才渐渐理解，也许正是少年时期经历这样的课堂，长大后才能做出那样的人生选择吧。

原来，生活也是课堂，也是可以选择轻松有趣而又有意义的方式的。最终，活得快乐、活得精彩的才是成功的人生吧。

28 石头很快乐

在一般人的眼中，石头就是石头，它不说话、不唱歌、不生气、不兴奋、不做梦、不旅行、不期待未来、不挂念往事，它什么事也不做，只固执地想当个真正的石头。众人对此给出的结论是："石头真无聊。"

可是，可是呀，在漫画家几米的眼中，石头却是这样的："石头说自己的话，唱自己的歌，它生气时只有自己知道，做梦时不让你知道。"

台湾著名艺人杨林宣布挥别演艺生涯而转向画画时，曾引起一阵哗然。她平静地向众人说道："我只是选择了一个让自己灵魂快乐起来的工作罢了。在画画的世界里，我找到一种平静的感觉，这是过去在演艺圈一直找不到的。"前经纪人屡次想说服她："拍个广告，15分钟就可以赚10万，干吗不拍啊？"杨林生动地以"撒旦"两个字形容这种轻松赚钱的诱惑。

她在她的画展结束那一天，微笑地指出：一张画要画一至三个月，顶多只能卖几万元台币。可是，接拍广告，只要早上起床梳头，化妆，打扮美丽，对大家露齿笑，就有10万元台币了。钱如流水般进入袋子后，便去买名牌，吃美食，然后，骗自己还不错。

实际上，精神的空虚是别人看不到的。目前，她已将轿车卖了，如果未来经费不够，她连房子也会卖掉。她说："我很快乐，快乐就是做自己想做的事。"

在许多人眼中，杨林是个傻子，可是，这是一个真真正正快快乐乐的"傻子"。她懂得，在短若朝露的人生里，只有把真实的自我释放出来，才不会辜负自己。

人，只能活一次。"后悔"那一帖药，纵然服了又服，依然不能让你重活一次。

快乐嘎崩逗

小筱："爸爸，您会闭着眼睛写字吗？"

爸爸："会啊！"

小筱："那好，请您闭上眼睛，在这张考试卷上写上您的名字吧。"

29 安放阳光

　　我还是喜欢翻看以前的旧东西。我喜欢上面淡淡的墨香，喜欢上面有些模糊的字迹，喜欢上面被岁月践踏过的痕迹。我呢，似乎是一个很挑剔的人，喜欢很多，讨厌很多。

　　就像，我喜欢空间干净的黑色，喜欢在这些颜色上写上干净的白色字体。

　　就像，我讨厌嘈杂的歌曲，讨厌那样的氛围，讨厌那些好看的音符组成的杂乱音节。

　　有的时候，我总有种奇怪的感觉，感觉自己立在时光的外面，而人们都躺在时光海水里。

　　我会感觉到自己慢慢地老去。我会感觉到自己明亮奢侈的青春一点点逝去。我听不到他们的声音，我看不到他们的面容，我分辨不出他们是谁，感觉自己在某个时刻意识非常模糊，像是有很多人转身跟我说再见，留下我寂寞的脸，泪流满面。

　　那些跟我说再见的人，无论我怎么等，都等不到他们的身影，他们就这样消声，然后匿迹。

　　或许这仅仅是个可笑的幻觉，但我却又感觉很真实，感觉到了自己的狼狈，感觉到了他们突然的消失，感觉到他们跟我说再见时，大家泪流满面。

　　那么，我们还是会有那么一天的

吧！在某个时刻，大家各自分离，最终散落到天涯。那么，我们始终还是会赶到世界的尽头，然后销声匿迹吧？

前一阵，这里一直是阴霾的天气，整日细雨绵绵，耳边萦绕着紧张的气氛，静得可怕。那段时间，我的记忆穿梭于大脑的每根神经，浮想联翩。

那个时候，急于求成的心理给自己带来了过多的压力，我想，笑笑多好！

原来笑一笑真的便忘记了一切，甚至忘记了自己曾经想要坚持的一切，就好像被撕扯而断裂的花朵，飘散在记忆的风里，被踩蹭得不成样子，失去了原有的光泽，剩下的如同我们的灵魂。

安静！美好！干净！明亮！温暖！柔软！

我的回忆，在脑中无休地蔓延、生长！

直到自己要窒息的那一刻，我却还是不清楚自己要逃向什么样的世界。

我找寻世界，找寻明亮的出口。

如果可以，我想自私一点，把今晚的一点阳光安放在我的口袋里。我知道，我看得到夜晚的阳光。

30 喷嚏里的奥秘

　　秋季过后，早晚温差骤然加大，湿冷空气和刺激性气味都会让人们"阿嚏、阿嚏"地响成一片。我们为什么会打喷嚏？打喷嚏又会对周围的人造成什么影响呢？下面就让我们一起走进鼻腔的世界，寻找喷嚏里的"奥秘"。

　　当鼻腔中有异物（如灰尘、细菌、花粉等）进入时，位于鼻黏膜上的三叉神经就会自主地向作用于肺部的呼吸肌肉发出指令，让其猛烈地从鼻腔排出空气，将异物"驱逐出境"。因此，人们才会出现打喷嚏的症状，这实际上也是人体自我保护手段之一。

　　此外，喷嚏可分为刺激性、过敏性、光敏性等几种，由花粉、化学药物或呛人的气味、寒冷的空气、细小异物刺激引起的叫做刺激性喷嚏；有过敏性鼻炎的人常常连续不断地打喷嚏，并伴有鼻塞或清水鼻涕，这是过敏性喷嚏。

　　打喷嚏可将附着在鼻腔、口腔黏膜以及气管上的细菌、病毒等有害物质通过直径为2-100微米的小飞沫排出体外。打一次喷嚏可喷出约1.2万个小飞沫，是每次咳嗽排放量的几十倍。喷嚏喷射的距离也较远，如果顺风的话，可达9米远，并以每秒30米以上的速度飞行。 不仅如此，打喷嚏时瞬间产生的巨大冲击力还可能给人体带来其他麻烦。例如打喷嚏本身的机械动作和由此而引起的血管内压力变化，很有可能会引起鼻黏膜出血呢。

我们还应该注意：

首先，喷嚏不能忍，不要憋气、捏鼻孔不让喷嚏打出来。这样做可能把黏液向后压入中耳或鼻窦而引起感染，在极端的情况下，还可能由于空气负压而使耳膜破裂。

其次，在公共场合，尤其是门窗紧闭、通风不良的地方，预感到将要打喷嚏时，一定要避开人群。要是来不及掏纸巾，用手掌挡住也行，这样做能大大减少飞沫的喷出，避免呼吸道疾病的传播。

嘿，听我说

这篇说明文为了讲打喷嚏的奥妙，首先讲喷嚏作用，然后讲为什么会引起打喷嚏的现象，又具体讲了打喷嚏给人造成的影响，不仅增强了文章的说服力，还使文章更加贴近人们日常生活。

31 山水之间品醉翁

　　一盘小豆，一碗花生，外加一小杯冰爽的饮料，在历经千年沧桑的西子湖畔，在亲朋好友的欢声笑语中，在烈日暴晒下，在湖光山色间，品味美好生活，品味醉翁之意。

　　　　　　　　——题记

　　杭州，全然不像重庆那样粗犷，而像一位纤纤女子，又像一名文弱书生，以自己独特的墨香感染着每一个人。今日好不容易来到了"东南形胜，江吴都会"，又怎能不抓紧时间放松自己呢？

　　微风徐徐，轻云悠悠；水声潺潺，鸟语啾啾。闻锦鳞戏水之声，嗅菡萏(荷花的别称)宜人之香。笑观渔人网起网落，闲看天边云卷云舒。波滟滟，水淼淼。观山川之美，品盛世之情。水天湖舫，刹那间沁人心脾；鹤鱼虫柳，转瞬中入吾肺腑。醉人者，非丝非竹；迷眼者，非肴非酿。欲号醉翁，弱冠无才；谎称潇洒，潘安难允。也罢，也罢，惶惶然坐看天地之神功、前人之鬼斧，亦悠然自乐也。

　　想当年，醉翁欧阳修的快乐大概也应同我此时的快乐一样吧。我想，欧阳修的快乐绝非"山水之乐"、"与民同乐"所能概括的，更重要的是，他有一颗热爱生活的心。是啊，假若有一颗热爱生活的心，又有什么能让自己不高兴、"不得开心颜"的呢？彩云朵朵，将往事传说。

我感到心旷神怡，如烟往事一幕幕涌上心头。平日觉得很讨厌的人，现在看起来也可爱无比；觉得险阻重重的那些事，现在想来也容易非常。

猛地，天边竟下起了蒙蒙细雨，湖面顿时升起袅袅轻烟，岸边的杨柳随风摇摆，更显婀娜多姿。天突然暗了下来，烟雾将游客团团围住，仿佛置身太虚境界。瞬间，天昏、地暗、柳斜、人醉，湖朦胧、岸朦胧、心亦朦胧。

仿佛在瞬间，细雨停了，天空重现澄澈的湛蓝——江南的雨就是这样，来匆匆，去匆匆。周围的游客都没说话——一切尽在无言中。

我终于明白了醉翁真谛——醉于美景，醉于盛世，醉于内心的欣喜。

32　打着伞的鱼

　　我是一条鱼，一条打着伞的鱼。

　　我无家可归，我四处流浪。我本是有家的，可是，那里现已变成一潭死水，弥漫着一股臭味，河面上还漂着我同伴的尸体。我本是快乐的，有家人、同伴时时刻刻陪伴着我，我们自由自在地在水中畅游着。可是有一天，这美好的生活被打破了。小河不再清澈，河面上漂着很多垃圾。随着时间的流逝，垃圾愈来愈多，河水愈来愈浑浊。终于，我们再也待不下去了，我们逃离了。本是庞大的队伍，现在只剩下我一个。

　　我打着伞，向前游着，我多怀念以前啊！以前的雨是那样的甘甜，如今却是那样的苦涩；以前的雨珠是那样的清纯，可如今却已泛黄，充满着绝望的黄色，让我好想大哭一场。

　　雷声响了，那是天的怒吼，那是来自天空的，无法再压抑下去的怒吼；那是天的咆哮，那是来自天空的，无法再掩藏下去的绝望……那是天对人类破坏环境的惩罚。

　　雨，下得更大了。那是天的悲哀，那是天的泪水，那是天对人类深深的失望。天，似乎想用隆隆的雷声，将人们从邪恶中唤醒；天，似

乎想用雨将人类的灵魂彻底净化……可是，天，太纯真了，人，是那般的邪恶，他们宛如来自深渊的恶魔。但是，也有一小部分人，他们是天使，是大自然母亲最忠诚的孩子。

他们保护环境，他们心地善良，他们积极呼吁人们保护环境。

"瞧，多美的彩虹啊！"岸上的人们激动地伸出手，指着那七色的彩虹。彩虹？呵呵……我冷笑道，它哪里是彩虹？那是天的泪痕。

我打着伞，怕那酸雨把我的身体腐蚀，怕那从空洞的臭氧层穿过而来的紫外线，把我的皮肤灼伤……我怕一切事物，而这些都是人类造成的。

我打着伞，小心翼翼地把身体埋藏在伞下，我在寻找，寻找一个没有污染的世外桃源，一个理想的家园，我梦中的地方。

我是一条鱼，一条打着伞的鱼。

③③ 画圈

　　儿时的某个午后，伙伴们聚集在房后的空地上。小朋友们总是喜欢玩丢手绢的游戏，且乐此不疲。大伙儿一个拽着一个，手拉手围成了一个圆圆的圈，一个孩子绕着圈儿跑，随时不露声色地将那条系成团的手绢丢到某个小朋友的身后。而那些充当"圈"的小朋友们唱着甜甜的童谣，带着一点点的担忧一点点的期盼，期待着自己或是某个同伴被活捉。

　　这个大大的圈，怕是留在每个人幼年的记忆中最美好、最温情的圈吧。这个圈，圈住的是友情，圈不住的是成长。

　　小时候学画，刚开始时画得最多的，是圈。一笔画下一个圈，那是太阳公公的笑脸；再画一个，那是小妹苹果似的脸蛋……不知怎的，初学画圈时，如果圈子稍大一点，一笔下去，到了最后常常发现收笔总不能接上起笔。

　　总觉得，父母的怀抱是世界上最温暖、最安全、最能遮风挡雨的圈。在孩童时期，我们在这个圈子里等待的时间最长，而随着年龄的增长，这个圈便在我们的生活中渐渐淡去。

　　其实，这个世界上，根本就没有一个完整的圈。圈子再大再坚固，也总有圈不住的东西。鱼儿的终点是海洋，安宁的池塘是恬静的圈，圈不住鱼儿前行的双鳍。鸟儿的归宿是天空，松软的巢儿是温暖的圈，圈不住鸟儿飞翔的翅膀。

一笔画一个不完整的圈，那便是整个世界。

闪亮之星

同学们，你们平时大部分作文都是关于写人、写物、写景的作文吧？

现在可以延伸一下自己的写作范围，写一些哲理小故事，比如像"画圈"这种类型的，能从身边一件毫不起眼的小事中引申出一个人生道理。

动员全班同学都来写，看谁写的哲理小故事最有深意，然后评选出本届"闪亮杯"的写作之星吧。

34 拒绝长大

两粒种子并肩躺在春天肥沃的土地里。

第一粒种子说："我想长大！我要将根深深扎入到身下的土壤里，长出嫩绿的芽，冲破坚硬的土层；我要长出朵朵花蕾，在春天到来时，绽放出美丽；我要让温暖的阳光轻抚我的面颊，让晶莹的晨露洒满我的花瓣！"

于是，它不断成长。

第二粒种子说："我害怕长大。如果我把根扎入到身下的土壤里，我不知道在黑暗里将会遭遇到什么。如果我用嫩芽冲顶坚硬的土层，我会将自己弄得头破血流。如果我长出花蕾，蜗牛会不会将我吃掉？如果我绽放出美丽的花儿，孩子们会不会将我摘走？哦，不，我最好等待，等到一切危险消除了再说。"

于是，它拒绝长大。

一只在早春的土地上刨食的母鸡，发现了这粒拒绝长大的种子，立即将它吞进了肚子里。

35 最珍贵的麻花

　　童年的一天，和母亲赶集，路过一家油炸麻花店，我便故意放慢了脚步。母亲见我不时地把眼光扫向那黄灿灿的麻花，笑了。

　　"大姐，给我三个麻花！" "不，妈妈，一个就行了，一个月前，我和爸爸赶集，他买了三个麻花，我吃第一个时特别香脆，可吃第二个就不怎么样了，吃第三个便无味了。"我一口气说完。

　　其实，生活中有许多你喜爱的东西，一旦你过多拥有时，就感觉不出它的珍贵了。可一旦当你拥有唯一时，失去了，就一定会有痛心或眷恋的感觉。所以，童年的第一个麻花很香脆，我至今未忘，成了最珍贵的唯一，不是香脆一时，而是香脆了一生。

36 男孩与男孩的拥抱

　　他每天都要接受无数次拥抱——起床之后从床移到椅子上，从寝室到教室，从教室到食堂，上厕所……他的每一个行动都是被别人抱着去的。

　　三岁那年，他被确诊为先天性脆骨病，他身上的每一块骨头，都像瓷器一样易碎，像稻草一样易折，从此，他再也没能自己行走过。他的每一个动作，都要依靠别人帮助来完成，而且因为骨头太脆弱，既不能背，也不能抬，只能用双手轻轻地环抱在怀中。

　　他是在妈妈的怀抱中长大的。爸爸在外面打工养家，他的生活全靠母亲照顾。每天，母亲抱着他洗脸，抱着他上厕所，抱着他洗澡，抱着他出门晒太阳，抱着他一次次上医院。后来，又每天抱着他去学校，等到放学时再赶到学校抱他回家。

　　他考上了离家很远的一所职高，按照规定，学生都要住校，而他这样一个生活难以自理的学生该怎么办呢？班上的男生从妈妈的怀抱里，将他接了过去。

　　可是，被妈妈抱惯了的他，却怎么也不习惯被与自己同龄的伙伴

抱，他感到难为情，同时，也担心同学们根本抱不动他。虽然因为身体畸形，他只有六七十斤重，但对于刚上高中的同学们来说，这还是显得有点沉重。

男同学们热情地向他张开了怀抱。

最壮实的几个男生，和他住在了同一个寝室，以便照顾他的起居。他们抱他上下床，抱他坐到自习桌前，抱他洗脸洗脚，抱他上厕所，抱他去教室。

教室里，他的座位，前后左右都是男生，这样，只要他有事，任何一个男同学，可以就近抱起他。下课了，他们抱他去上厕所；外面阳光朗照，他们抱着他去走廊上晒太阳；上体育课，他们也不忘记他，将他抱到体育场，他无法上体育课，就坐在一边，为同学们呐喊加油；吃饭的时候，他们抱他去食堂，而女同学会帮他排队打好饭菜；下雨的时候，他们抱着他从教室到寝室，或者从寝室到教室，旁边会撑着好几把伞。

有时班级集体外出活动，就是一场拥抱接力，一个男孩抱一段路，另一个男孩再抱一段路。他的路，不在脚下，而是一个个男生用怀抱连接的。

他上学迟，比同学的年龄都大，他们喊他哥。他们都是他的兄弟。

高考成绩出来了，他们考得很好。填志愿的时候，有好几位男生表示，将和他填同一所学校，他们希望能继续在一起。

　　他们的事情，被媒体获悉。记者采访的时候，他笑得无比灿烂。脆弱不堪的骨头，佝偻变形的躯体，疾病带来的痛楚，困顿窘迫的家庭……他都只字未提，他一遍遍提及他的13位兄弟的胸膛，和他们并不结实却宽厚的怀抱。他说，每天我都能获得几十个温暖的拥抱，还有比这更幸福的事情吗？

　　有人走了过来，向他张开双臂。他也大方地伸开双臂，他的笑容，无比灿烂，无比满足。

嘿，听我说

　　第八段应用了大量的排比句，不但增强了全文的真实性、可读性，还能使读者更加深刻地体会到全文所反映出的人性之美，友情之美。

37 神奇的书

没有一艘非凡的战舰，
能像一册书籍，
把我们带到浩瀚的天地。
也没有一匹神奇的坐骑，
能像一页诗扉，
带我们领略人世的真谛。
即令你一贫如洗，
也没有任何栅栏能阻挡。
你在书的王国遨游的步履，
多么质朴无华的车骑！
可是它却装载了
人类灵魂全部的美丽！

38 与世有争

　　人都说，"与世无争"是一种高深的境界，可是，你知道吗，"与世有争"才是自然界最古老、最实事求是的法则。

　　有人做过这样一个试验：把一条鱼放入鱼缸，食物氧气充足，但这条鱼很快就死了；把三条鱼放入同一个鱼缸，但只供应一条鱼所需的食物，但这三条鱼却都奇迹般地活了下来。

　　"与世有争"是一种生活态度。重庆有一个名叫李严平的孩子，两岁时就被医生鉴定为重度脑瘫，这意味着小严平将终身无法行走，生活无法自理。医生劝其母亲放弃这个孩子，但小严平的母亲坚强地选择了"不"。从小严平3岁开始，母亲每天都要把他绑在凳子上面十几个小时，强行训练他身体的平衡能力和协调能力。年复一年，风雨不改。现在的小严平已经16岁了，不可思议的是，现在他不仅能够生活自理，而且还加入了市残疾人足球队。更让人不敢相信的是，经过常人难以想象的刻苦学习后，他的英语水平已经达到了专业8级。

　　如果在医生下宣判书的时候，小严平的母亲就放弃了，那世界无疑只会多一个不幸家庭。正是这种"与世有争"的精神，使得小严平的母亲顽强地向命运争取尊严，她的生活态度创造了一个医学奇迹，更是对我们对待生活应该持有的态度的有力诠释。

"与世有争"是一种进取意识。古希腊的墙上刻着一句妇孺皆知的名言："生命不息，奋斗不止。"时代在飞速发展，它昭示着我们要"逆水行舟"。比尔·盖茨在给年轻人的十点忠告中的第一条就明确指出："这个世界本身就是不公平的，竞争的本质就是没有同一条起跑线可言。"

"与世有争"并不与中国传统的"礼让"、"谦虚"背道而驰。"与世有争"争得光明磊落，胸怀坦荡；"与世有争"是彰显自我的积极态度。

生命，因"与世有争"而精彩。

39 会"武功"的妈妈

以前，我只知道古代的侠客会武功，电视里的武林中人会武功，到今天我才知道，原来，我妈妈也会"武功"。

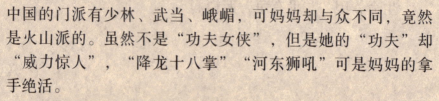

我的妈妈是一名采油工人，中等身材，一头长长的卷发，带着一副眼镜。虽然她外表普通，但是"功夫"了得，中国的门派有少林、武当、峨嵋，可妈妈却与众不同，竟然是火山派的。虽然不是"功夫女侠"，但是她的"功夫"却"威力惊人"，"降龙十八掌""河东狮吼"可是妈妈的拿手绝活。

星期六的早晨，我一起床就坐在沙发上看电视。妈妈看见了，叫我去写作业，我装作没听见，接着妈妈使出了她的"河东狮吼"。"噢！"的一声，把我给吓了一大跳，可我仍不服气，继续目不转睛地盯着电视机。刹那间，妈妈的"火山"爆发了。只见她使出了终极绝招"降龙十八掌"，"噼里啪啦"把我收拾了一顿，这下好了，我只能服从妈妈的命令，乖乖地去写作业。

在妈妈这样超强的"武功"下，我的学习成绩才没有下滑，坏习惯也改正不少，我决定以后认真自觉地学习，让妈妈的"武功"不再有用武之地。

当然，妈妈有时候也像"岩浆"用完了的"死火山"。

我可以"爬"上去尽情地玩耍，和移动"火山"来一个亲密接触，感受一下和火山在一起的超强热流。

　　这就是我的妈妈，虽然深谙"武术"之道，也不过是架势大力度小，谁叫她总是那么爱我呢！

快乐嘎崩逗

有一天外面下大雨，老师满脸雨水地走进教室，然后就在讲桌前不知道在找什么东西，找了一会儿他才问前排的同学："你们看见我擦纸的脸了吗？"

④⓪ 孩子的办法

别把春天拦在教室外，孩子可以找到。

孩子轻吹着口哨，欢快地在课桌上做一只花哨的纸鸢儿，春天就呼啦啦飞起来了。

孩子歪着头，悄悄在日记里写下一首绿绿的小诗，春天就轻灵灵地走来了。

别把夏天藏在池塘中，孩子可以找到。

孩子只需躲在田野的大凉席上，随意数数亮亮的萤光，孩子就发现了夏天的眼睛。

孩子只需醉在槐树的馨香里，偷偷听听响亮的蛙鸣，就找到了夏天的魂。

别把秋天撒在山谷里，孩子可以找到。

孩子向排成"人"字南飞的雁阵招招手儿，道声再见，秋天就轻轻地被唤来了。

孩子把鼓着肚子的金黄的包谷串成串儿，挂在屋前，秋天就乖乖地被俘虏了。

别把冬天关在门外面，孩子可以找到。

孩子钻在暖暖的被窝，惊喜地读窗上玲珑的冰花儿，冬天就悄悄地开在了孩子心中。

孩子坐在懒懒的冬天里，握着画笔，在纸上堆一个红鼻子雪人儿，冬天就傻傻地站在孩子面前。

嘿，听我说

在描绘每个季节时都用了"别把……"这样的句式开头，结构工整，又俏皮生动；"呼啦啦"、"轻灵灵"、"眼睛"、"俘虏"、"傻傻地"等词的运用把四季拟人化处理，更添童趣，也表现了大自然与孩童的亲密关系。

41 蚂蚁抱成团

　　黄昏时候，洪水最终撕开了江堤，一个个小院子成了一片汪洋泽园。清晨，受灾的人们三三两两站在堤上凝望着水中的家园。

　　忽然，有人惊呼："看，那是什么？"

　　一个黑点正顺着波浪漂过来，一沉一浮。有个人"嗖"地跳下去，很快就靠近了黑点，但见他只停了一下，掉头回游，转眼间上了岸。

　　"一个蚁球。"那人说。

　　"蚁球？"人们不解。

　　说话间蚁球正漂过来，越来越近，人们看清了：一个小足球般大小的蚁球！黑糊糊的蚂蚁密匝匝地紧紧抱在一起。风起波涌，蚁球漂流着，不断有小团蚂蚁被浪头打开，像铁器上的油漆片儿被剥离开。人们看得惊心动魄。

　　蚁球靠岸了，一层层散开，像打开的登陆艇。蚁群迅速而秩序井然地一排排冲上堤岸，胜利登陆。岸边水中仍然留下了小小的一团蚁球，那是英勇的牺牲者。它们再也爬不下来了，但它们尸体仍然紧紧抱在一起。

42　你系好鞋带了吗

县春季田径运动会中学女子3000米长跑中，一女孩刚跑两圈就发现鞋带松了，眼看其他队员纷纷赶超自己，她果断地踢掉那只松了的鞋子，光着一只脚跑完了全程，最终得了全县第六名。比赛完毕，这位女孩血肉模糊的脚让观众动容，她也成了这次运动会上的感动人物。

看到这个场景，我很感动也很心疼，去年也出现过掉鞋子的事件，值得欣慰的是这两个孩子都选择了坚持和坚强。但是我纳闷了：孩子，你的鞋带为什么系不牢呢？

和儿子上街，下着雨，风也很大，我对儿子说："打伞姿势要和妈妈一样，这样伞就不容易被刮坏。"话音还没落，儿子说："妈妈，我的伞被刮坏了！"我说："风这么大，我第一感觉是伞可能被刮坏。"儿子沉默了，平时对我善意的提醒，他总心不在焉，如果我提醒的情况没有发生，他就会说："我不是没有像你说的那样？"可现在儿子越来越觉得妈妈似乎总能预知后果，所以做事也逐渐谨慎起来，变得更加成熟自信。这次儿子傻傻地看着我，脸上的表情很无奈。我说："妈妈也不想唠叨呀，当你做某一件事时，如能对可能出现的结果作出一定的判断，那就是聪明的表现，不善于观察思考的人，遇到意外事件时，也只能被动应对。"

在儿子的成长过程中，我会给他设计很多场景，他也能根据自

己的理解思考后回答。小时候他会说："如果我回家时妈妈不在家，我也不哭，我会先到阿姨家找你。"有一次，邻居家的小孩走失，把所有亲戚朋友都急坏了，我问儿子换了他应该怎么办，当时6岁的他说："我先站在原地不动等你一会儿，我知道你一定会回来找我；再不，我就请警察叔叔给你和爸爸打电话。"再后来，他到了叛逆年龄，错误不断，我非常生气，且越训斥效果越差，这时我就尽量少说或者是保持沉默，让他自己想想，过后，我再稍稍给他点明利害关系，他会说："妈妈，我懂。"

儿子被称为小大人，似乎儿子越成熟越显得我这个做妈的幼稚，每当我出门时，临走我总问他："替妈妈想想还落下什么东西没有？"他说："身份证？手机？钱包？雨伞？镜子？……"这次我问他："如果你是长跑运动员，在做准备活动时，你会做些什么？途中如果鞋子掉了，你会怎么办？如果以后再有这样的比赛，你的鞋子还会掉吗？"

在长跑运动中最可能发生意外的莫过于鞋子，作为教练，除了安排战术以外，队员的运动安全也很重要，有必要的话，教练要亲自检查队员的鞋子是不是系好了，因为我们都愿意看到孩子正常发挥水平，而不想让孩子在

折磨下，最终只赢得精神上的胜利。

　　"孩子，你系好鞋带了吗？"人生道路漫长，孩子们要面对的挑战还很多，父母长辈对孩子多一些温馨的叮咛，少一点恨铁不成钢的责骂，无意间就会在孩子心里播种下自理的种子。即使孩子有时考虑不周，有了闪失，他们也会在挫折中觉醒，在反思中进步，时间长了，他们自己就会在心里铺设一条尽可能平坦的路，并扎实稳当地走下去。

43 大话追星

随着时代的进步，追星成了一个时尚话题。俊男靓女成为青年们崇拜的偶像。追星，顾名思义是追逐像星星一样闪亮的人，当然不是无名小辈了！

我所知道最早的艺人是张国荣、梅艳芳，但都与世长辞了，所以不好说他们的是是非非。他们精湛的演技、俊美的外表，早已在人们心目中定型。然而金无足金，人无完人，即使他们曾经有过不辉煌的历史，也都被他们耀眼的光彩所遮盖，人们只记得的，只有他们的光彩和耀眼，他们的靓，或许，就是从那个时候出现了fans吧！

fans的出现，也为追星下了一个定义。所追的必定是男的俊，女的靓，于是就出现了张柏芝、于文乐等影视红人。章子怡是目前国际影坛的中国明星，她很美，也很有才华，但关于她的一些绯闻也随处可见。不可否认，她拥有属于她的onlyfans。因此，她可以站在中国的高峰上极目远望。

然而，我们崇拜偶像不应该只看他们的外表，而应是对我们有积极的激励作用。正所谓"榜样的力量是无穷的"，像"杂交水稻之父"袁隆平、"两弹元勋"邓稼先和地质学家李四光。我曾听说这样的事例：有一次香港歌星、"四大天王"之一的刘德华与著名物理学家、诺贝尔奖得者杨振宁先生同乘一架航班抵达某市机场，前来迎接者绝大多数是"华仔"的忠实粉丝。当这些狂热的"追星族"被记者问及可否知道杨振宁时，他们竟不以为然地脱口说出："杨振宁是唱什么歌的？"不由得让人啼笑皆非，也让社会对现代年轻人的无知感觉到无奈！

快乐嘎崩逗

画家的一位朋友来看他。画家说："我打算把这房间的墙壁粉刷一下，然后在墙上画些画。"

朋友劝画家："你最好先在墙上画画，然后再粉刷墙壁！"

44 我当"小保姆"

在愉快的春节里，我当了一天的"小保姆"，照顾阿姨三周岁的孩子李晖。回忆这一天的情景，觉得十分有意思。

本来，我以为照顾小孩很容易，只要当心他不尿床，不摔跤，其他嘛，孩子玩，我也跟着玩。

但是，实际情况却大大出乎我的意料，这孩子很顽皮。踢皮球差点打翻热水瓶，吃奶油蛋糕成了"白胡子小花脸"，学画画把纸片撒了满地……他还趁我不备，从床上爬到了窗台上，雪白的被单上留下了几个脚印。"危险！"我叫了起来。"味（危）盐（险）！"他瞪大眼睛学我的样子。

连哄带骗，才把他抱了下来。脚刚点地，他又嚷着要拉屎，急得我又找痰盂又端凳，汗都出来了。可到头来他却没拉，骗了我。我火冒三丈，使劲按他坐在沙发上，他却一颠一荡地取乐。

一会儿，他的脸憋得通红，又说要拉屎。我以为他在耍花招，就没理他，自个儿看电视解闷。没料到他真拉了，就因为没照料他，拉在地板上，连裤子也弄脏了。害得我忙了半个钟头，他却还"嘻嘻"直笑。

我真想打他一顿出气，可是又举不起巴掌，他可是阿姨的宝贝呀！我瘫坐在沙发上。真没想

到，照顾孩子竟是这么难啊！

吵吵闹闹，哄哄骗骗，总算熬过了一个上午。

吃完饭，晖晖倒头就睡。才刚睡了一会儿，"呵——"孩子打了个哈欠，醒了。一起床，我就问他："晖晖，要听故事吗？""要！"他大声回答，于是我给他讲了《小山羊与大灰狼》的童话：

"大灰狼来敲小山羊家门，'笃笃笃'……"晖晖听得入了神，他托着下巴，瞪大眼睛。

接下来，我又教他唱儿歌、跳舞，还给他背上书包，戴上红领巾"上学校"，见到"老师"敬个礼，说声："早！"，学讲英语"bye bye"（再见）。不知不觉过了一个下午，孩子玩得很高兴，一次没闹过，我的"诱导"生效了！

晚饭后，阿姨来领晖晖时，晖晖表演了我教他的小节目，说："哥哥真好，明天我还来，bye！"

45 我想飞

给我一双翅膀，给我一种信仰，让我看清生命中的暗流，听清花瓣破碎的声音。

我想飞到那大漠孤烟落日红霞的戈壁滩，让冷月弯刀寒光照亮我的眼神，让吹卷飞沙的呼啸狂风吹得我热血沸腾，让那一抹决绝惨烈的红涂染我的半个天空，让我聆听英雄心中最后一曲幽幽怨歌。

我飞过他们的天空。即使是英雄，他们的天空也划满了伤痕。冷峻的面容，在被鲜血浸透的江山前，也不曾有丝毫改变。路途是被设定了的，终点就是生命的终结，他们却为生活选择了不凡的意义，赢得后世千秋万代的崇拜。

风起，剑落。

生命的歌戛然而止。只有大漠的风依然呼啸，英雄的故事代代流传。

我想飞到远古的美索不达米亚平原，让蜿蜒的底格里斯河亲吻我的脸，洗净我灵魂中的污点；让黑色的玄武岩告诉我千年风雨的秘密，重现古巴比伦的繁盛时代，让雄伟神殿的神秘祭司打开时空交错的门，带我走向弓箭布列的征战起点。

我飞进那个有着太阳般金色光辉的国度，楔形文字刻下了风化千年的咒语，古老的文明只剩下难解的语言，古老的传说成为永垂不朽的诗篇。碑文隔着交错的时空诉说着难以磨灭的记忆。

　　花儿盛开，然后颓败。

　　我想飞越北极的冰天雪地，在离天堂最近的地方听天使们唱歌。

　　我想飞上阿尔卑斯山的巅峰，呼吸最纯净的空气，感受最真实的跳动。

　　我想飞进热带雨林的深处，触摸藤蔓对根的缠绕，拥抱阳光透过树影的斑驳照耀……

　　我想飞遍世界的各个角落，让她成为我的花园。一个人，一双翅膀，享受在五万米高空的宁静和穿梭时空的快乐。

　　我，想飞。

46 狼的作用

　　人、动物与人文、自然之间的关系奇妙而复杂，我常常思考这一问题。

　　不妨先从狼说起。

　　自古以来，狼在人们心中似乎是凶残、贪婪、自私的化身。《狼来了》《小红帽》《七只小羊》，这一个个经久不衰的故事告诉我们，狼，是凶残无道的，它们吃人，吃家畜，无恶不作。多年来，人们一直与狼作对，遇而诛之，总想把它们都一网打尽。而今，狼的数量越来越少，几乎濒临灭绝，这又引起了人类的警觉，人类又下令保护狼。

　　虽然狼是可怕的，但生态的平衡又离不开狼。

　　例如森林中的鹿和狼，人们为了保护鹿而消灭了狼，以为这样就保护了鹿。哪知适得其反，鹿没有了狼，睡了吃，吃了睡，过着没有危险的生活。久而久之，鹿越来越胖，脂肪肝、冠心病、高血压等"富贵病"越来越多。鹿一代比一代死得早，鹿群也越来越少，几乎走到灭绝的边缘。怎么办呢？想来想去，最好的办法就是把狼找回来。狼一来吃鹿，鹿为了生存就得跑，狼追，鹿

跑，在这样的过程中，鹿得到了锻炼，疾病自然就没有了。

由此可以看出，狼虽然是一种害畜，然而它又是平衡自然形态不可缺少的一环。狼太多了，是大害，但绝种，也不行。所以，狼也被列入保护动物之列。

世界是奇妙的，但统统是彼此相依、相辅相成的。凡事有利则有弊，有弊则有利。如何充分利用其绝妙的利弊功害，才是我们应该认真考虑的问题吧！

嘿，听我说

本篇文章以狼在食物链中的作用为论点，具体举例说明没有狼的话，鹿的生存状况也会下降，以此来证明狼在食物链中的不可替代的作用。

47 我有一个梦想

　　开始记事的时候，我有一个梦想。我希望我有钱，大人问："小伙子，这可是个了不起的梦想，有了钱你要去干什么呢？""我要去买巧克力。""如果你有很多钱呢？""我会去买很多巧克力。""如果你有用不完的钱呢？""我会把做巧克力的工厂买下来。"

　　小时候，我有一个梦想。我希望自己能变成一只风筝，飘荡在蓝天中，然后慢慢地落下来。那时喜欢在青青的草地上与同伴嬉戏，去追逐蓝天白云，让欢笑随之飘动，整天做着五彩斑斓的梦。

　　认字的时候，我有一个梦想。我希望拥有一个篮球，当我抱着篮球的时候，又想要一个足球；当我踢着足球的时候，排球又成了我的追求。在一个又一个的梦想变成现实的时候，我相信梦想其实离我并不遥远，只要耍耍孩子气，梦想就会实现。慢慢步入小学，中学。就越会觉得压力的存在，从而不会再幻想，只知道读书，没有了那些快乐的音符。

　　懂事的时候，我有一个梦想。我希望每天都不要有很多的家庭作业要做。

　　玩耍的时间一点点被剥夺，而我们一天中60%的时间被禁锢在教室，但是面对学习，还是存在一种模糊的认识。梦想像一粒种子，种在"心"的土壤里，尽管它很小，却可以生根开花。假如没有梦想，就像生活

在荒凉的戈壁，冷冷清清，没有活力。有了梦想，也就有了追求，有了奋斗的目标，有了梦想，就有了动力，它会催人前进。也许在实现梦想的道路中，会遇到无数的挫折，但没关系，跌倒了爬起来，继续为自己的梦想而前进……

快乐嘎崩逗

1. 会飞的不一定是超人，也不一定是鸟人，也许是飞机！

2. 吃葡萄不吐葡萄皮，你可能会拉肚子！不吃葡萄倒吐葡萄皮，你是魔术师！

48 心中的美景

　　我常趴在窗口痴想，到底什么才是美景呢？有人说，是知名景点那些形形色色的景观；有人说，是深山老林中那原始的风景；有人说，是都市夜晚的灯红酒绿。我不知听过多少种答案，但是却没有一种是我心中所想的，那些只有外观艳丽的美景没多大含义。因此，我一直在寻找着，寻找那令人心服口服的美景，直到有一天……

　　那天，下起了绵绵细雨，刺骨的寒风肆意在街道上游荡。我走在街上，心情也如天气般低落。街道上行人不多，很容易令人把目光转向站在十字路口指挥交通的交警叔叔们，他们整日在此指挥交通，却无怨无悔、心甘情愿地为人民服务。

　　尽管有交警叔叔指挥，但还是有些急性子的"有车一族"不听劝告，这不，又出事了。我看见远方有一个光点向这条路急速驶来，仿佛一匹脱缰的野马，但此时信号灯上是红灯啊！这时，从另一个方向驶来一辆出租车，似乎也是往那个光点所在的方向行驶。我还没反应过来，那个光点已经"现形"了。哦，原来是一辆摩托车。糟了，出租车已经拦在摩托车前头，摩托车刹不住"脚"，迎面撞了上去！此刻，街道上仿佛沸腾了一般，交警叔叔急忙在现场维持秩序，并拨通了医院的急救电话。

　　我一下子被眼前的景象惊呆了。愣在那儿好一会儿，等我回过神来，救护车早已赶到，白衣天使们将伤员抬上救护车，又火速赶往医院。此时，交警叔叔还在协助调查事故原因。我的心颤动了，这些交警们平日坚守岗位，认真负责，在危急时刻不知拯救了多少生命，然而他们得到的都是些什么呢？大多是群众的误解，违反交通规则的群众的强词夺理。他们做的，群众理解吗？

　　不知过了多久，受损的车辆被运走了，街道上的行人也各忙各的事去，交警叔叔又回到岗位上继续工作，肆虐的寒风中，我突然感到了春天的气息。

　　什么是美景？我想我找到了！

49　小猴豆豆

生日那天，小猴豆豆终于得到了一架高级照相机，那可是他日思夜想的礼物。豆豆想：我一定要让这照相机发挥更多更大的作用。

"叮咚，叮咚"，一阵急促的门铃声把豆豆从美梦中惊醒了，豆豆一骨碌从床上爬起来，打开门一看，原来是鸭妈妈。没等豆豆开口，鸭妈妈就一屁股坐在地上哇哇大哭，哭得豆豆丈二和尚——摸不着头脑。豆豆再三安慰，鸭妈妈才停止了哭泣，她一边擦眼泪，一边断断续续地说："这几个月，我下了好几个蛋，可是在我要孵蛋的时候，一些蛋却不翼而飞了。这样叫我怎么办呀？你是森林里有名的点子大王，帮我想个办法吧！"

豆豆听了火冒三丈，咬牙切齿。这时，豆豆看到了高级照相机，计上心头。他眉飞色舞地跟鸭妈妈讲起了捉贼计划。鸭妈妈听后，破涕为笑。

天黑了，豆豆把照相机设置成了自动程序，藏在了一个隐蔽的角落。

夜深了，森林里静悄悄的。突然，两个黑影闪进了鸭妈妈的家里。这

时照相机闪过一道强光，"咔嚓""咔嚓"。小偷听见了，仓皇而逃。鸭妈妈见了，连忙大叫："抓小偷，抓小偷！"可是他们已经逃得无影无踪了。鸭妈妈非常生气，豆豆说："别急，你来看。"只见相机里吐出一大堆照片，他们看清楚了，竟然是两只小老鼠——丁丁和当当。

第二天，豆豆和鸭妈妈追到小老鼠家里，把照片甩在他们面前，小老鼠们看了，只好低头认罪。

高级照相机真是功不可没呀！

快乐嘎嘣逗

儿子战战兢兢地回到家："爸，今天考试只得了60分。"

爸爸很生气："下次再考低了，就别叫我爸！"

第二天儿子回来了："对不起，哥！"

50 大灰狼和小蜜蜂

有一只大灰狼，偶然认识了一只小蜜蜂。

小蜜蜂不善言谈，有一头及肩的长发。小蜜蜂的样子使大灰狼想起多年前他认识的一只优雅而美丽的蝴蝶。大灰狼喜欢在夜晚的灯光里捕捉蝴蝶挥动翅膀的安静，但是他从来没有勇气走过去和她寒暄，她也没有向他谈及自己的世界和旅程。

后来那只蝴蝶趁着夜光，飞走了。

令大灰狼诧异的是，多年后的一个夏天，他在一只小蜜蜂的表情中又看到了记忆中的那只蝴蝶。这是大灰狼的幸运，尽管，她只是只小小的蜜蜂。

她扇动着的金色翅膀，在阳光里变换着频率和弧度。她话语里生长的蔓藤，就像大灰狼小时候见过的一条蛇，缠绕着他最初关于战栗的感触。还有她笔下黑色线条里的城堡、五色的装饰和对于梦想的演示。就是这样一只小蜜蜂，倾听着这个美丽世界的晨钟暮鼓，拥有这个因万芳争妍而开放的尘世。

大灰狼很感激这只真实的小蜜蜂，因为她使他第一次正视了自己的存在。

　　善于飞翔的她飞越苍翠的山峦，数着那些金光熠熠的野菊，向他诉说河水的柔情、叶子的胎记、一场雨的故事以及秋天的步履。而那时的大灰狼舔舔爪子，遥望天空，开始思考着一只狼的远游。

　　小蜜蜂经历了南方，就经历了生命里的潮湿；经历了北方，就经历了叶舞西风的凄美；经历了大海，就经历了珊瑚的星语。她还将经历原野和结实遒劲的山脉。这，就像她背上坚强的骨骼的光泽和轮廓。

　　怀揣梦想的小蜜蜂让他觉得生活越来越甜蜜。大灰狼应该向她学习生活的艺术。譬如飞翔，譬如真实、自由而快乐的生活。

　　小蜜蜂的翅膀也许没有蝴蝶的漂亮，但在一只大灰狼眼里，她却显得那么可爱和近乎完美。他深深爱着这样一只小蜜蜂，这只小蜜蜂，已经成为大灰狼生命中那一抹柔和淡淡的月光。

51 笑落一地花香

阳光下，孩子们在读书。

在孩子们朗朗的读书声里，三叔挥动着锄头，伺弄着田地里刚刚没过脚踝的青苗。

三叔的淘小子叫土豆。此时土豆正坐在教室里，坐在邻窗的位置上。同学们读书的声音呢，新鲜得像三叔正侍弄的青苗，比一粒种子还快乐。

一贯爱溜号的土豆不溜号了，把身子坐得直直的，眼睛盯着手里的书，大声地朗读着。阳光下的小村如此温馨，像一页晶亮晶亮的童话。

冬天知道，调皮的雪最喜欢玩的游戏就是捉迷藏！当孩子们正把梦中的故事焐得滚热滚热的时候，雪就蹑手蹑脚地飘落了。

玩捉迷藏，孩子们可是高手。睁开眼睛，他们就把雪找到啦！创造一个和暖暖的故事中一模一样的雪人吧。这很容易，靠几把小锹，几块黑煤，一根胡萝卜和一顶小红帽，还

有一阵嘻嘻哈哈，就完成啦。雪生动了孩子们开心的笑声，孩子们描述了雪的俊俏模样。

飞舞的蝴蝶，宛如孩子们咿咿呀呀唱起的乡村小调。害羞的小蝴蝶，将自己的翩翩身影藏进一树闹盈盈的梨花中，像害羞的女生，偷偷地，偷偷地展示自己的美丽。

没有看到也没有关系，蝴蝶自有蝴蝶的办法。小小蝴蝶可不想让自己的美丽留下遗憾。

蝴蝶飞呀飞呀，她飞出了中午，飞过了梨花的清香，飞上了女生的长辫子，飞进男生的日记本。

于是，蝴蝶小小的心事，就在孩子略显幼稚的文字里，生根开花。

嘿，听我说

这篇散文虽然看起来很凌乱，但其实很有条理性，小作者具体描述了阳光下、雪地里、蝴蝶飞舞这些不同的场景，展示出孩子们在成长中点点滴滴的快乐。

52 啄木鸟的呼唤

　　我是一只生活在森林里的啄木鸟。

　　一个风和日丽的早晨，我早早起床，想去外面晒晒太阳。于是，我扑腾着翅膀飞进了森林。

　　我在一棵高高的树上站稳，阳光透过树枝和叶子照在了我的身上，我觉得全身都暖洋洋的，舒服极了。

　　就在这时，一股刺鼻的气味钻进了鼻孔。

　　是香烟的味道！

　　我敏锐地循着烟味望去，只见一个伐木人，嘴里叼着香烟，手里拿着一把锋利的斧子，正在树林里张望。他好像在寻找什么似的。突然，他眼睛一亮，径直向着森林里年纪最大的树爷爷走去。

　　树爷爷可是整片森林里最高最直的树了。伐木人卷起袖子，一边哼着小曲，一边抡起斧子用力地向树爷爷身上无情地砍去。他的眼里满是贪婪。他每砍下一斧，树爷爷就会惨叫一声。树爷爷的惨叫让我心里难过极了，我实在看不下去了，一下子俯冲到伐木人的肩膀上，用力啄着他那榆木似的脑袋。我一边啄一边说："这段'木头'里一定有虫！贪婪的大虫已经侵蚀了你的思想。"

　　在我的猛攻下，伐木人扔掉斧子、捂着脑袋狼狈地跑掉了。看着他踉跄的背影，我不知道该喜还是该悲。

伐木人，你难道不知道吗？树是大自然留给人类最宝贵的资源，它们是大自然的清洁工，它们美化了人们生活的家园，也美化了人们赖以生存的地球。你怎么能无情地砍掉那郁郁葱葱的树木呢？

伐木人啊，请你快快醒悟吧，请和我们一起行动起来，让棵棵树木拔地而起，让我们生活的家园充满绿色吧！

53　鸭子吓死黄鼠狼

　　黄鼠狼小的时候，妈妈经常跟它说，不能吃不干净的东西，比如说生病的鸡、老鼠和蛇，碰都不要碰，那些东西吃进肚子，会害死自己的。

　　这天，长大了的黄鼠狼跑到小河边，它看见一只鸭子摇摇晃晃地朝自己走过来，一脸痛苦的模样儿。当鸭子发现站在面前的竟是黄鼠狼时，顿时吓得退了两步，怯生生地问道："你……你是不是想吃我呀？"

　　黄鼠狼说："好聪明的扁嘴家伙，不错，我肚子刚好有点饿啦，真是想啥就有啥，今天是个好日子呀！"

　　鸭子悄声说："难道你看不出来我是病鸭子吗？"

　　"那又怎么样？难道你就没听人说过'黄鼠狼专咬病鸭子'这句话么？"黄鼠狼得意地说。

　　鸭子哀求道："别吃我行吗？"

　　"为什么？"

　　鸭子实话实说："我没听妈妈的话，吃了河里被污染的螺，食物中毒了，你如果吃了我，也会被毒死的，我是为你

着想呀！"

　　嘻，黄鼠狼能上鸭子的当吗？它早忘了妈妈的话，立即扑过去把那可怜的病鸭子吃掉了。

　　当天晚上，黄鼠狼的肚子就疼痛起来，而且越疼越厉害，痛苦极了。这时，它想起妈妈的话，也想起那病鸭子的话，可这一切都太晚了，天还没亮，黄鼠狼就一命呜呼了。

快乐嘎嘣逗

1. 告诉你，别逼我，你要是再逼我，我就装死给你看！
2. 上学的时候天天想着放假，现在彻底放假了，可是又想上学了！

54 向它们问好

　　"嗨，房子，早安！"

　　每天清晨醒来，向你的房子问好了吗？

　　如果面前有一只小狗，你可能向它问好；如果有一盆花，你也可能向它问好……但你一定忽略了房子。动物、植物需要问候，房子也一样。一座旧房子，有人住，多少年都不会倒；没人住，十年八年，甚至三五年就灰飞烟灭了。

　　你向房子问好，房子很开心呢。抬头看看灯管，那是房子微笑的嘴。

　　拖鞋也需要问好。拖鞋在你最放松、最私密的时间陪伴着你。你西装革履地出去了，人模人样地回来了，在沙发上坐定，拖鞋就向你问好了，你也该向它问好吧？如果有一天，拖鞋的带子断了，鞋底开裂了，一定是它生你的气了。

　　向你的车子问好了吗？不管是自行车、三轮车、奥拓或是宝马，在使用之前，请注视它们。它们承载着你的身体去远方，和你血脉相连。如果车子坏了，或跟其他车子撞上了，一定是你心不在焉。车子需要关怀，需要你跟它融为一体。出发之前，也别忘记问候道路。道路是车子的同胞兄弟。车子来了，道路就展开了。道路说："你好。"你也应该回应它："你好。"还有被子、褥

子，无论白天黑夜，只要你躺到床上，被褥就来呵护，它们从不厌烦，只要你需要，它们就贴过来，你想要它们什么样子，它们就什么样子。叠着、打开、在你身上、在你身下或在身旁，悉听尊便。被一脚踢到地下，它们也没怨言，只想给你温暖。阳光充足的时候，把它们抱出来晒晒太阳，拍打拍打，它们就会很高兴，它们知道，你在问候它们哩！

桌子是最憨厚的伙伴了。它一身重负，成年累月地驮着书本、电脑、水杯、茶壶……你在它身上留下汗渍、水渍、墨水，它也不曾埋怨。有时候，你趴在它身上眯一觉，它妥帖着放平你的头颅，接收你的哈喇子；当你醒来，你的腿碰上它的腿，这是它唯一撒娇的时候。它说："向我问个好吧！"

还有你的牙刷、书本、窗帘、手机、夹克、牛仔裤、打火机……都等着你问候呢！万物皆有灵，在你的呵护下，它们或是娇嫩、可爱，或是意气风发、昂首挺胸，都是为了你。

是的，请向它们问好！

55 占位置

当我们急着去做那些自以为正确的事，可结果却南辕北辙时，不妨看看脚下，是不是站错了位置。

在最早一批赴北极点探险的远征队员身上，曾经发生过这样一个故事。

北极到处都是白茫茫的，没有任何形式的路标，探险家们每过一个小时都要停下来查看一下地图，通过测量仪器上的数据，为下一步探险绘制详尽的行走路线。然而，就在他们走出营地几个小时之后，突然发现了一个奇怪的现象。当他们停下来读取测量仪器上的数据时，惊奇地发现：尽管他们准确无误地朝着北极点的方向进发，可是离极点的距离却越来越远。

队员们没有多想，认为这只是一次误测，所以没有犹豫，继续朝前进发。在下一次读取测量数据时，他们发现离北极点更远了。

究竟是怎么回事？原来在踏上一段路程之前，他们先踏上了一座正在向南漂移的巨大冰川。这座冰川向南漂移的速度比他们向北行进的速度要快。他们做的每件事都完全正确，可还是

走错了方向。

有时，我们会急着去做那些自以为正确的事，可结果却是南辕北辙。当我们轻易地让自己相信，是自己的设备出了问题时，不妨仔细地看看脚下，你，是不是站错了位置。

快乐嘎嘣逗

儿子问爸爸："节约与小气有什么区别？"

爸爸说："当我舍不得给自己买东西时，你妈妈说我是节约；当你妈妈跟我要东西我给她买不全时，她就说我是小气。"

56 绿叶的遐思

花儿是甜蜜的，果实是尊贵的。然而我却愿做四季长青的绿叶。

——题记

我是一枚绿叶，有着自己的追求和思想。

静静地，我站在那里。从薄雾的迷茫开始，周围是静的温柔，我已猜不出这层神秘。于是我什么也不想，什么也不做，只等着听风将我吹起又吹落的声音。我喜欢在天空中飞翔的感觉，就像当我还是绿色的时候。阳光穿透了薄雾，鸟儿也带来了喜悦的鸣叫，每一天都是这样默默地来临。

不知不觉，天空竟飘起了雨。我就这样站在雨里，任它轻轻地拍打。夜，好暗！可以看到的东西很少，却似乎能看得很远。我有着从未有过的清爽，就因为刚才的一滴雨，它浸润了我那几近干枯的心田。我有着从未有过的满足，我甚至能感受到它在我身体里跳动的声音。那声音，好强烈！

我以我最美的姿态拥抱了大地，静静地躺在这片泥土上，贪婪地享受着自然的味道，那是别样的清新、明澈，唤醒了那已尘封的记忆。一阵风吹来，竟把我的记忆抖散。

雾，依然笼罩着整个大地，天地间已凝结了些许寒意。当阳光再次出现在我头上的时候，我留下了一滴眼泪，晶莹透亮，这也许是最后一滴，把它献给大地吧！

我仰望着天空的星群，好美！天边划过一道耀眼的光，噢，那是流星。我似乎懂得了什么，我想：每个人都是带着使命来到这个世界上，我的飘落，不也正是完成了我的使命，亮丽了我的人生吗？

嘿，听我说

文章短小而富有诗意，情感真挚细腻，结构精巧，语言精练。用比拟手法写出自己了理想、奋斗和追求，深刻地表现了庄严神圣的使命感，同时也诠释了人生的价值在于奉献。

57 钢笔失踪案

　　"一群饭桶，真是一群饭桶！"鸡蛋饼局长又在发脾气了。没办法，谁让市长刚冲他发了一顿脾气呢，他只得冲部下转移他的火气。

　　"怎么了，局长？"正在鸡蛋饼局长头顶冒烟的时候，聪明儿如一场及时大雨，适时而至。

　　"聪明儿啊，快想想办法，市长的钢笔丢了！"鸡蛋饼局长立刻抓住聪明儿，两眼放光。

　　原来，市长有一支恩师送他的钢笔，非常宝贝，没想到今天被他的儿子带到学校去了。同学们你传我，我传你，最后竟然丢了。

　　"你还记得都有谁拿过钢笔吗？"聪明儿问市长的儿子小豆丁。

　　"好多人呢，记不清了。"小豆丁哭着说。

　　"谁让你拿出去显摆的！"市长在一旁发火。

　　"市长别发火，小豆丁，你把带着钢笔到学校后的事讲一讲吧。"聪明儿说。

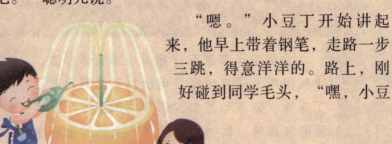

　　"嗯。"小豆丁开始讲起来，他早上带着钢笔，走路一步三跳，得意洋洋的。路上，刚好碰到同学毛头，"嘿，小豆

丁，你拿的是什么？"他立刻扑上来抢。小豆丁拍开毛头的手，趾高气扬地喊："小心点，弄坏了你赔得起吗？"

这时，他们已经走进了教室，好几个同学都围过来看小豆丁带来的钢笔，毛头气得噘起嘴。多多看到了，拉着毛头说："走，咱们去玩遥控飞机，不就一破钢笔嘛。"

"哼，破钢笔，这是我爸爸最宝贝的钢笔！"小豆丁听到了他们的对话，不服气地冲他们喊了一声。就是他这么一回头，手上的钢笔不见了，同学们哄笑着，你传给我，我传给你。

不一会儿，毛头和多多拿着遥控飞机走出了教室。很快，遥控飞机冲天而起，但是却有点摇摇晃晃的。

同学们在教室内指指点点，"什么飞机嘛！"

"就是，动力一点都不足。"

在同学们的议论声中，遥控飞机摇摇晃晃地飞到了对面的教学楼的楼顶阳台上。

这时，上课铃响了，同学们赶紧回到各自的位置。可是，小豆丁的钢笔也不知道被谁拿去了。就这样，那支钢笔不翼而飞了。

"排除了一切可能的因素，那就只有不可能的因素

了。"聪明儿神秘兮兮地说。

"什么因素？"大家好奇地问。

"钢笔不在教室里。"聪明儿斩钉截铁地断言。

"啊，那到哪里去了？"

"遥控飞机！"聪明儿说。

"什么？"大家都迷惑不解地望着聪明儿。

小朋友们，你们知道聪明儿的意思吗？到底遥控飞机把钢笔带哪里去了呢？

答案：

排除了教室内的所有因素，就只有那两个走出教室外的人，而且当时遥控飞机飞得摇摇晃晃的，那就是因为它带着那支钢笔。他们利用无线电遥控模型飞机把钢笔运到屋顶，翻个跟斗，把钢笔落在屋顶上，然后，再把飞机召回就可以了。

58 森林幻想大赛

世界是千变万化的，疑问是层出不穷的。这不，为了鼓励创新，森林之王虎大哥决定举办"首届森林幻想大赛"，所有动物都可以参加这次比赛，当然，人类也收到了请帖。经过联合国秘书长的亲自审批，终于决定由诺贝尔奖新得主阿P参加。

由于人类享有"万物之灵"的美誉，所以虎大哥把阿P列入种子选手名单，直接参加决赛。

经过几轮比较激烈的比赛，参加决赛的动物选手已经产生了，它们分别是"智多星"狐狸大伯，聪明的海豚大姐，伶俐的百灵鸟和见多识广的熊猫爷爷。

决赛开始了。虎大哥上台亲自出题。只见他拿起粉笔，在黑板上画了一个圆圆的圈，随后宣布比赛选手可以陈述自己的联想了。

这几天一直清闲的阿P忍不住了，决定先发制"人"，站起来说："这是一个圆，在数学上，它表示零，零就等于没有，因此它是整数中最小的，它是微不足道的。"

百灵鸟听了，站在发言台上，对阿P说："错了，零一个数字虽然是微不足道的，但当它与其他数字组合时，它就十倍十倍地增大，请问阿P同志，对吗？"

"对呀，"阿P听了，决定改变话题，摆脱这种尴尬局面，"这个圆也可以看作是熊猫爷爷。"台下一片哄笑。缩成一团，一言不发的熊猫爷爷忍不住了，站直身子，说道："这是太阳，每当太阳升起的时候，我们才能看见光明，才能从黑暗中摆脱出来。没有太阳，也就没有我们，太阳是生命的源泉，是智慧的源泉，我们离不开太阳。"

海豚大姐也忍不住了，打开了话闸："这是一滴水，我们地球上有近80％的表面覆盖着水，水中孕育着无数的生命。陆地上的动物也离不开水，水是我们身体中含量最高的化合物，没有水就没有生命，因此水也是生命的源泉。但

是，人类却在浪费水，污染水源，使大量的污水排入河流，汇集海中，大量原油倾倒在海中却不治理，使我许多的姐妹们都死于非命。"说完，泪珠就落下来了。

在场的阿P羞愧地低下头。

这时，狐狸大伯也发言了："这个圆就代表我们的知识，它是多么有限，在它四周有着无限的知识需要我们去学习、去探求。"

比赛结束了，阿P是最后一名。人类的"万物之灵"的称号转而赠予夺得第一名的狐狸大伯。

这次比赛对人类社会的震动极大，联合国第二天就通过两项决议：一项为治理污染法案；另一项是加强素质教育，提倡加强人类的想象能力的教育法案……

快乐嘎嘣逗

儿子领了成绩单回家："爸爸，你说你是和平理事会的成员？"

"当然。"

"那么我今天提议咱们要用和平的方式解决一切纷争。"

59 孩子的真理

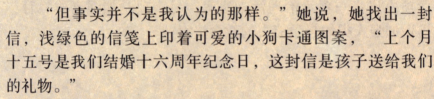

一位婚姻不和谐的朋友在拖了五年之后终于和爱人分手了。她告诉我她能够下定决心的原因："都是因为孩子。"

"以前不离，你不是也说为了孩子么？"

"但事实并不是我认为的那样。"她说，她找出一封信，浅绿色的信笺上印着可爱的小狗卡通图案，"上个月十五号是我们结婚十六周年纪念日，这封信是孩子送给我们的礼物。"

信是这样的——

亲爱的爸爸妈妈：

我知道你们在一起已经没有幸福了，那为什么不离婚呢？如果你们是为了我而凑合，那我现在郑重地请求你们为了我而分开。因为你们这样在一起，不仅没有给自己快乐，也没有给我快乐。想到自己是你们凑合的理由，这让我时时感到一种压力，生怕自己做错了什么而对不起你们为我付出的忍受。于是我就常常在你们的忍受中忍受，我不想成为这样的角色。这让我时常感到黯淡和沉重，无法去真正地享受生活。我知道你们这是为了我好，可家不仅是三张脸凑在一起吃饭，没有你们的爱，这样的家，我宁可不要。

如果你们真爱我，请为我离婚。离了婚我一样有亲爱的爸爸妈妈，而你们有了新的选择机会。我绝不埋怨你们，这是我自己的选择，我会为自己的选择负责，也请你们为自己负责。请你们拿出勇气帮我确认这样一个事实：此处牺牲并非一定意味着彼处受益，为己而活并非一定意味着可耻有罪。

我跟谁都可以。我只有两个请求：一，请没有监护权的那一方多来看我。因为，我爱你们。二，请你们不要再在我面前说彼此的不好，因为你们的恩怨只是源于你们之间爱人的身份，对我来说你们只是父母。作为父母，你们在我心里无可挑剔。

女儿：真真

看着这封信上稚嫩的字迹，我和朋友默默无言。这是一封让人酸楚的信，让人愧疚的信，然而更是一封让人尊敬的信。这是多么奇怪的事啊，我忽然发现，有很多时候，孩子对生活的认识，远远超过了我们的想象。常常的，我们这些自作聪明的人，甚至还不如这些孩子。

60 生活在别处

一

把人比作植物，比如说树：松树，伟岸；柳树，潇洒；或者楠木，高贵。

人是一片森林，并纳了乔木、灌木或野草。时见高大，时见平凡，时见精美，时见丑陋，丰富和杂乱互生。

远远眺望，只见青松屹立，白桦间或其中。而当你走近，或者入乎其里，才能洞悉荆棘当道，杂草丛生。

这就是我们常常惊讶高贵者有其粗俗和卑下，卑贱者时见高尚与聪颖的道理。

一点都不奇怪。因为一个人本就是一片森林。

二

时间就是金钱。

一根一根白发，一条一条皱纹，一页一页病历，都是生命信用卡一次次刷过的留痕。

时间就是金钱。

可给予生命的时间是一个恒数，你既无法借贷，也难以补充和受赠。透支了时间的人，受到了疾病的折磨。挥霍了时间的人，失去了宝贵的年华。

人们总不愿意按月盘点，让剩

余的"金钱"得其所哉。

三

生命是一个过程，赤身而来，裸身而去，即所谓生不带来，死不带去。

西方谚语说：60岁之前，用生命换一切。60岁以后，用一切换生命。正负相抵，差不多是零。

四

谁也无法逃脱部件的命运，因为社会是一部永远运动的机器。你的被选用和被组装，完全在于正在运转的部件何时被磨损，以及怎样靠近那只随意选取部件的机会之手。在此之前，你又必须被打磨得与社会机器纹丝不差。打磨的过程，则常常是失去自己、适应社会的痛苦与欢乐的过程。

对于社会来说，人性常常只是废品的特质。

嘿，听我说

这篇文章，四个片段，从不同角度，围绕"生命"字眼，神聚形散，巧用段落式体裁，使文章内容的表达灵活而丰富，简明而多彩。

61 享受快乐

　　我的快乐有很多，像天上的星星一样，数不胜数。在这其中，我最大的快乐就是听音乐。平和的音乐使我浮躁的心安稳下来，音乐那欢快的旋律使我在生病时暂时忘记痛苦。音乐已经成为我生命中不可缺少的一部分。

　　有一次，我们去东湖公园的英雄山扫墓回来，老师要求我们把扫墓的过程与内心的想法详细地写下来，不少于450字。回到家，我冥思苦想，抓耳挠腮地使劲回想着扫墓的过程，一会儿翻翻作文书；一会儿上网搜索关于扫墓的文章，找灵感；一会儿急得团团转，直跺脚。但就算我把脑袋给挖出来，也还是想不到，没有一丝灵感。于是，我丢下它，不管了，打开电脑听我喜欢的音乐。

　　那优美的旋律像小精灵一样飞进我的耳朵里，让我那颗烦躁的心慢慢平静了下来，连心跳也变得缓慢而有节奏，整个人都放松了下来，写作的灵感也像喷泉一样涌上心头。我立即拿来笔和纸，把扫墓的过程和心中的想法流畅地写了下来，一篇作文就这样"新鲜出炉"了，最后还得到老师评定的一个"优"。

　　还记得，我得重感冒，鼻子好像被什么塞住似的，觉得呼吸困难，还咳嗽不停。我在百无聊赖中打开电视，当时正在播放一首欢快的歌曲，动听流畅的旋律进入我耳中，痛苦的感觉顿时被抛到了九霄云外，整个人霎时变得精神抖擞。

音乐，是一种治疗伤痛的良药，也是一种催人奋进的无形动力。音乐，你是我快乐的源泉！

闪亮之星

当你不知道该怎么样去写作文的时候，会怎么办呢？会不会去自然界或在自己的身边寻找素材呢？在语文学习的过程中，能随时把自己见到的、想到的用笔记录下，写作和阅读能力才会提升得快哦。

抽出时间，整理一下自己写过的文章吧，然后为每篇文章打一个合理的分数，看看自己哪一篇文章写得最好，为自己评选出一篇"闪亮杯"优秀文章吧！

62 因为我母亲也是清洁工

又到了七月流火的日子。

今天的太阳好像特别兴奋，把街道晒得滚烫，直冒白烟。我们一伙儿照例去玩，不同以往的是，今天每个人手中都多了一瓶水和一把伞。

走在街道上，我一边喝着冰凉的水，一边撑着伞，不断的说："太热了，早知道就留在家里了。"小A扫了我一眼，指着正在扫街道的清洁工说："你太没大志了，吃一点苦就这样，你看他们……"

我愣住了。前几天，母亲打电话告诉我，她现在找了份搞清洁的工作，挺轻松的，叫我不要担心。当时，我也没把她的话放在心里，只是吵着问她什么时候给我买数码相机……

母亲，很久没见您了，您现在过得好吗？您头上的白发是不是又多了呢？您现在是不是也在扫着街道呢？

"发什么呆？"小A推了我一下。

"没什么，只是被他们感动了，他们真的是环保天使，如果没有他们，真不敢想象我们的城市会变成什么样。"

"是啊，幸好有他们。"

在我准备继续前行的时候，一位清洁阿姨拿着个空水瓶从我身边走过，似乎要

找什么，只见她的衣服早已被汗水渗透了。我加紧脚步走到她前面，把手中的水递给她，她用惊讶地看了看我，然后接过我手中的水，咕咚咕咚地喝了下去。

顶着烈日，我们继续前行。

后来，小Ａ问我："你是不是认识街上的那个清洁工？"

"不认识。"我说。

"那你为什么……"小Ａ很不解。

我打断了她的话，说："因为我母亲也是清洁工。"

快乐嘎崩逗

马上要期末考试了，同学们都在抓紧时间复习。

班上有个胖子，平时学习不努力，复习时还做起了祈祷。

胖子口中默念着："天在上，黄土在下，草民愿以十斤肉换期末考试各科及格。"

63 田叔的心事

老人常言："走过的桥比我们走过的路还要多。"他们有着如此丰富的人生经验和渊博知识。我们会发现一个老人就像是一座图书馆，里面的"书"人生百味，百态尽现。

我的邻居田叔，六十多岁了，是个党员，非常喜爱叱咤风云于中国政坛和军事领域的三人：毛泽东、邓小平、周恩来。他曾是千千万万普通工作者中的一名，七八十年代在国有企业里工作，退休后应他亲戚之邀，在一家小型家族式企业里任采购一职，现已在那里工作5年多了。他为人很憨厚，待人真诚，直肠子来直肠子去。

昨天，我上街回来碰到他坐在公园边的坐椅上，神情哀伤，故作叹息，像是遇到什么痛心事儿一样。我连忙小跑过去坐下逗田叔："田叔，您看您又来了，这一连儿天您都这样，愁眉苦脸的，有啥心事儿呀？"田叔抬头一看是我，急忙答："没事儿没事儿，我这哪能有啥事儿呢？你这娃儿呀，要好好读书啊！"我一听，脸像被什么触着了唰一下子红了，说道："田叔，我可是爱学习的好学生呢，您看，这学期我又拿了奖学金。"说完，我向田叔做了个鬼脸，随即偷看了一下田叔，他的神情却更哀伤了。我沉默了，田叔也沉默了。

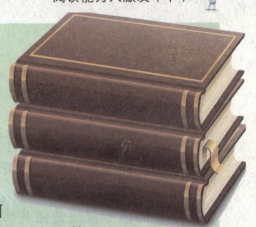

　　过了一会儿他放眼公园外马路上川流不息的车和路旁的行人，忍不住叹了声气："为什么总有人那么的自私，贪图蝇头小利，自顾自个儿的利益，没有集体利益的概念，更没有国家利益的概念，可悲啊可悲啊！"我说："是啊，这世上本来就是这样的，各色各样的人生活在一起才构成了这个民主社会啊。""民主社会？""嗯！""好一个民主社会啊，当工厂老板在剥削和压榨工人的辛勤汗水时，这是个民主社会；当地方政府官员在鱼肉当地老百姓时，这也是个民主社会；当瓦斯爆炸全部煤矿工遇难，煤矿长对此置若罔闻时，这更是个民主社会啊！"我一听，不禁愣住了。民主社会是这样吗？心有疑虑但没有表现在于脸上。

　　田叔站起来继续道："现今的民主社会已变质了，但我还是相信党，相信国家，相信马克思列宁主义、毛泽东思想、邓小平理论，他们会指导我们中国朝着光明的道路前进的。"我睁大双眼仰望着田叔，田叔苦笑着摸了摸我的头，眼里泛着光芒。

　　一个经历了从文化大革命至今的大半世纪的老人，对社会人生百态有着种种的独特见解，从不同的时期指出时代跨越而衍生的种种陋习，对只能愤愤不平无能为力的社会现实感到迷茫。

　　田叔的心事，更是千千万万个中国人的心事！

64　生命之桥

　　故乡有一条不知名的小河，整日绕着村庄流淌。河水很清，阳光撒在波光粼粼的河面上，留下一条长长的倒影，那就是我要说得桥。

　　桥的前身仅仅是由几块石板和木桩砌成，既不规则也不美观，只是一个供人们渡河的工具，再无他用。早在爷爷赤脚打游击时，她就立在那儿。直到解放后，她那衰老的身躯再也经受不住生产队过往的牛、车，才被改建成现在这副模样。

　　新桥没有名字，过往的人、车多了，也没有人记得她的恩德。它就像被遗忘在记忆深处的老人，见证着生命的流逝。

　　六年前，邻居家的大姐姐顶着红盖头在敲锣打鼓的人群簇拥下走过了这座桥，在她最后看一眼这座桥时，欢笑声里掺杂了沉默许久的哭泣；五年前，在喜庆的锣鼓声中，隔壁的大哥哥又在这座桥上迎来了他美丽的新娘；四年前，在一个大雪纷飞的日子里，奶奶也从桥上走过，但下一个春天来临时再也没回来……

　　回到故乡，再踏上这座桥时，昔日的新桥已成旧桥。

风雨的吹打、岁月的侵蚀，再也让人无法找回它年轻时的容颜。伫立桥头，两岸风景依旧，河岸上的野花开的不浓不淡。这一切似乎都不曾改变，让我不禁想起小时候苦涩的黄姜（俗称火头根），踏实的耕牛，河岸边树上硕大的柿子和那只无所事事的"弯豆角"……这一切似乎都被那一道道刻在桥墩上的水痕描绘得清楚明了。一年又一年，一代又一代，每一个过往的人，每一件或喜或悲的事，这座桥都默默地看着。她是一个无言的却无时无刻不在向人们讲述着历史沧桑的老者，没有浮华的修饰，没有具体的"姓名"，更没有人们为她刻下碑文。尽管如此，她仍履行着一座桥的职责，无言的沉默是她消遣孤独寂寞的方式。时间的长河带走了她身边的一切，只剩下一副历尽沧桑的瘦骨嶙峋和冰雪融化后的泥泞。半个世纪过去了，不知有多少孩子在桥上留下了欢声笑语，不知有多少悲伤的人们撒下了伤心的泪水，不知有多少爆竹烟火在桥头绽放……

　　我不想用太多的赞美去描绘这座承载了欢笑，泪水的生命之桥。不管有再多风雨，在我的记忆中，只有她是永恒的。

65 与老鸟同飞

在老鸟的课上，不需要举手，黑板上写着问题，谁想到答案就可以直接上去写，粉笔很快被抢购一空。老鸟，老李也；老李，吾师也。

与老鸟一起飞的日子，是我今生难忘的日子。

老鸟上课方式很特别。

犹记得与老鸟的第一次见面，一窜钥匙的叮呤响声，传入耳帘，接着，老鸟便来了。一袭黑装，最耀眼得还是那颗大肚子，像骄傲的大将军，立在他的身上。并不多做介绍，只是简单的告诉我们他的姓，便直接上课了。

上老鸟的课，永不觉得是在上语文课。天上飞的，地上跑的，水里游的，从古到今，从外到中，都会在他的课上提及，仿佛是在知识与理性的世界中遨游。

老鸟很有文采，小小的眼睛里闪烁的是光亮，光亮中是无穷无尽的智慧与才华。他喜欢写作，也鼓励我们写作，在他的推广下，我们班涌出了一批又一批的"才子、才女"。

他写作如行云流水，我们无法超越他，在我们眼里，他如一座远方的大山，我们到山脚下的那一天却遥不可期，更别提要逾越这座大山了。

老鸟喜欢考试，不是他考试，而是让我们考试。他说，考试只要把你考到麻木，不再紧张，期中期末算什么，中考都是小菜一碟。每周我们最少考三次试，尤其是在晚自习上，总会发出一阵哀怨声。老鸟早已摸透了我们的心理，每当我们抱怨时，他总是在一旁嘿嘿地笑着，我们被他这么一笑便不好意思抱怨了。

在临近考试的时候，老鸟的课是我们唯一的享受。在他的课上，一直是笑声不断的。

考试的前一天，老鸟说，他希望我们班有5%的作文是满分。我们信心十足的进入考场，却垂头丧气的进入教室。

老鸟依旧在台上，台下却是泣声一片。老鸟说，没事，水平本来就不高，能有一个满分已经很不错了。台下仍旧哭声一片。他突然说，好了好了，是判卷老师没眼光，看不出这乃我们班大师所创……

与老鸟一起飞的日子，是我正在经历的日子，亦是我终生不会忘的日子……

66 君而无信，何以为君

一年夏天，康熙皇帝来到塞北木兰围场狩猎，当他走过伊逊河，来到一座大山前，渐觉疲劳，便传旨大队人马停下歇息。

康熙信步登上山顶，坐在一棵青松下观看风景，微风吹来，使人心旷神怡。一时间，康熙来了棋瘾，便让随从摆好象棋盘，与一位大臣对弈起来。

不多久，大臣便连输三局。但康熙兴致甚浓，问周围的大臣们："谁再来同朕下一盘？"众大臣深知皇上的棋艺高明，谁也不敢与皇上对弈。侍卫那仁福早就想同皇上对弈一盘，康熙看出他的意思，便说："一同玩玩无妨，朕不怪罪就是了。"于是，那仁福就大着胆子与康熙对弈起来。

那仁福是个象棋迷，对弈起来连"皇上"两字都抛诸脑后。只见那仁福节节推进，好多卒子过了楚河，又巧用连环马，使出八面威风。不几招，就把康熙的车踩掉了。

就在这个节骨眼上，一个最会察言观色的老太监对康熙

说："皇上，不好了，山下窜出一只猛虎。"康熙一听忙站起身来对那仁福说："朕先去猎虎，你等着，回来再与你下完这盘棋！"那仁福听了，只好等在棋盘旁。

其实，老太监见皇上棋势已成败局，便把鹿当虎，故意引皇上下山，而康熙只顾猎虎，越追越远，早把下棋的事忘得一干二净了。

一晃眼半个月过去了。康熙狩猎归来，又路过这座大山跟前，抬头见到那棵松树，才想起那地方还有一盘棋没下完呢！康熙来到松下，见那仁福一膝跪地，纹丝不动。这时，康熙才发觉忠厚守职的那仁福已经死了，十分难过。

君而无信，何以为君？自此以后，康熙引以为鉴，再也不失信于人了。

有诗为证：

侍臣松下守枰台，逐虎归来命已衰。

未识君王轻信诺，悔将一马踏车来。

67 知足常乐

有一个天使，在送信的时候不小心睡着了。醒来后，发现他的翅膀被偷走了。没有翅膀的天使，能力比普通人还要小。他又冷又饿，来到一户人家门口敲门："我是天使，请把门打开。"

这家人打开门，看到天使被雨淋了，衣服皱巴巴的，却问："你给我们带来了什么礼物？"天使回答："没有礼物，我的翅膀丢了，没办法回到天堂去了。""没有翅膀和礼物的天使不算天使！"这家人把门关上了。他敲开第二家、第三家的门，都遭到了拒绝。

天使没办法，只好蹲在村口哭。一个牧羊人看他可怜，把他带回了家。天使吃饱了饭，穿上了暖和的衣服，开始对牧羊人述说自己的遭遇。

牧羊人说："你即使不是天使，我也会给你一顿饭吃的。如果你没别的事做，就留下和我一起牧羊吧。"

天使在人间的确不会什么手艺，便开始牧羊。天使每天梳理羊毛的时候留下一些羊毛，日积月累，为自己织了一对羊毛翅膀，在牧羊人目瞪口呆的注视下飞走了。

过了几天，天使来答谢牧羊人，问他要什么。牧羊人说："给我增加100只羊吧。"

羊群增加了100只，牧羊人比过去更累了。于是他找到天使，请天使把羊收回，为自己盖一间大房子。牧羊人在大房子里住着，发现到处是灰尘，打扫不过来。

于是他用房子换了一匹马。牧羊人骑在马背上，但不知说："给我100只羊吧。"

羊群增加了100只，牧羊人比过去更累了。于是他找到天使，请天使把羊收回，并且请天使为自己盖一间大房子。牧羊人在大房子里住着，发现到处是灰尘，打扫不过来。

于是他用房子换了一匹马。牧羊人骑在马背上，但不知要到何处去，就把马还给了天使。

天使问："你还要什么？"牧羊人说："什么也不要了。"天使说："人本来有很多愿望，你难道没有吗？"牧羊人说："愿望实现之后，我才知道我不需要这些东西，它成了我的累赘。"

天使说："我送你一件无价之宝，那就是性格。你想有什么样的性格？"

牧羊人说："我已经有了这样的性格，那就是知足。"

快乐嘎嘣逗

老师问："一个鸡蛋去撞另一个鸡蛋，谁碎了？"
小明说："当然是心碎了！"
老师问："谁的心？"
小明说："当然是母鸡的心！"

68 唱歌的小溪流

每天，小男孩都要去山里听小溪流唱歌。

"你的歌声真是太美妙了！"小男孩对小溪流说，"我天天听你唱歌，心里充满了感激，所以，我也很想为你做点事情。"小溪流说："真的吗？我的歌声真的有你说的那么好听？""是的，我觉得这个世上再也没有谁的歌比你唱的更好听了，为了回报你的歌声，我真的想帮帮你，请问你有什么需要我帮助的吗？"

小溪流说："既然你这么喜欢听我唱歌，那我就天天唱给你听吧。说到需要，我还真有一件事情需要你的帮助。"

小男孩说："只要我能办得到的，有什么需要你就尽管说吧！"小溪流说："请将那块阻碍我前进的石头搬开，我讨厌那块绊脚石。"

小男孩说："这还不容易！"说完小男孩挽起裤脚，下到溪里将那块石头搬走了。

可是，令小男孩没有想到的是，他帮助了小溪流，小溪流却不唱歌了。

小男孩听不到小溪流的歌声，很苦恼，就对小溪流说："你为什么不唱歌了？"

小溪流也很苦恼，说："我也不知道这是为什么，自从你将那块石头搬走后，我

就唱不出来了。"

小男孩难过得哭了，小溪流也跟着哭了。

这时，一只喜鹊飞了过来，对他们说："要想听到小溪流美妙的歌声，你还是将那块石头搬回来吧。"

小男孩跟小溪流不明白为什么要这么做，但他们相信，聪明的喜鹊说的话肯定没有错。于是又将那块石头搬了回来。果然，小溪流又唱起了歌。小男孩又能听到小溪流那美妙的歌声了。

见到小男孩和小溪流高兴的样子，喜鹊说："尽管那些阻碍你前进的东西十分讨厌，比如坎坷的路、险峻的山，可也正是因为有了它们，你的歌声才会如此美妙、生活才会如此美妙啊！"

69 抽打樱桃花

年少时，家中的院子里种了两棵樱桃树。每年春天，樱桃树上总会挂满红得晶莹透亮的樱桃。摘一颗放到嘴里，唇齿留香。

有一年的春天，樱桃树开满了花，开得比以往哪一年都要多。蜂蝶在樱桃花间飞舞，馋嘴的我似乎已经闻到了樱桃那种特有的香甜味，就连在睡梦中，都是满树的樱桃在冲我微笑。

一天早晨，我还躺在床上，就听到院子里传来"噼里啪啦"的树枝摇晃的声响。我赶快爬起来，冲到院子里。竟看到母亲正拿着一根竹竿在樱桃花间抽打，其中的一棵好像已经抽打完了，樱桃花像下雨一样落了一地。她正准备抽打另一棵樱桃树呢！

我赶忙跑过去，一把抱住了母亲。任凭母亲如何解释，我都紧紧抱住她的双臂不放手。母亲无奈之下只能住手，她说了一句意味深长的话："也好，到了樱桃成熟的时候，你就知道我抽打樱桃花的用意了！"

转眼间，两棵樱桃树都结满了青青的樱桃。尤其是我从母亲手中保护下来的那一棵，樱桃结得密密麻麻，数也数不清。我炫耀似的指给母亲看，她笑了笑，摇了摇头。

到了樱桃成熟的季节，那棵经母亲抽打的樱桃树硕果累累，一颗颗樱桃仿佛一盏盏挂在树上的小灯笼。而那棵未经抽打的樱桃树上的果实，仍是一片青绿。我坚持不吃已经成熟了的樱桃，静候着那片青绿变成点点唇红。

但令我失望的是，已经成熟的樱桃都被吃光了，我保护的那棵樱桃树仍是满树青黄，而且树上的樱桃开始干瘪、变黑、脱落，渐渐的树干上的绿色也退去，变得干枯，毫无生机。母亲告诉一脸失望的我："这棵樱桃树因为在春天花开得太多，又未经抽打，所以结的樱桃也太多。由于水分、营养供应不上，它累死了！"

母亲用牺牲一棵樱桃树的代价告诉了我一个道理：青涩的青春只有经过抽打的磨砺，才能够逐步走向睿智与成熟。

图书在版编目(CIP)数据

阅读能力大激发:全 2 册/孟凡丽,袁毅编著. —武汉:武汉大学出版社,2012.3(2015.4 重印)
(中国学生智力开发必读书:彩图版)
ISBN 978 - 7 - 307 - 09570 - 0

Ⅰ.阅… Ⅱ.①孟… ②袁… Ⅲ.文学 - 作品综合集 - 世界 Ⅳ.I11

中国版本图书馆 CIP 数据核字(2012)第 036247 号

责任编辑:武 彪   责任校对:杨春霞   版式设计:文畅智悦

出版发行:武汉大学出版社   (430072   武昌   珞珈山)
    (电子邮件:cbs22@ whu. edu. cn 网址:www. wdp. whu. edu. cn)
印刷:三河市燕春印务有限公司
开本:710 × 1000   1/16   印张:9   字数:40 千字
版次:2012 年 3 月第 1 版   2015 年 4 月第 2 次印刷
ISBN 978 - 7 - 307 - 09570 - 0   定价:59. 60 元(全 2 册)